旬を楽しむ
おとなの献立
12カ月

小平泰子

京都と東京の往復の生活を始めて8年目を迎えました。ひと月の1／3ほどを東京で過ごしている環境で「どうやってお献立を考えているの？」とよく不思議がられるのですが、冷蔵庫にある限られたものでパパッと作ったり、スーパーで見つけた旬の食材を極シンプルに調理しているだけ。このレシピたちは、正真正銘我が家の献立です。

「あぁ！　豚肉を特売につられて買ったのはいいけど今夜約束あるんだった。じゃあ味噌に漬けて置いておこう、明後日は夫も帰りが早いって言ってたし」で、でき上がった「長いもと豚肉の粕漬け」(28ページ)。

「さんまがある。でも大根が切れてる。ほかに食材が何もない。買い足しに行くのも面倒だ。じゃあ自分の腹わたで味つけしてあげましょ」で、でき上がった「さんまのとも肝焼き」(154ページ)。

「不覚にも栗が2個だけ残ってしまった。鶏のひき肉がある、甘じょっぱいものが食べたい。ならばいっそ、栗も細かく刻んでご飯にかけちゃえ」で、でき上がった「栗そぼろご飯」(173ページ)。

……と、こんな成り行き任せなレシピばかり。ですが、こういった限られた食材と状況の中でいかに簡単でおいしくいただけるか、想像を膨らませながら作るお料理って、面白い。ある程度お献立を決めてから作るレシピよりもはるかにお料理する楽しさを味わえて、意外な味つけを思いついたりして、レパートリーを広げられるいい機会となるんです。

ご紹介しているレシピの材料を眺めてみてください。主となる食材の種類は1～2種、味つけもシンプルです。でもそれで、３６５日の食卓がきちんと成り立っています。

そんな、我が家のふだんの献立を、京都新聞さんで毎週1回、２０１８年1月から２０１９年にかけて1年4カ月に渡って載せていただきました。ありがとうございました。

今ここにある食材、そして少しだけ旬を楽しむ遊び心があれば、おとなの献立、たくさん生まれるはず。さあ、ページを開いて一緒に旬を楽しみましょう。

２０２０年4月

小平泰子

忙しくても
季節を愛でたい。
おとなにうれしい
ふだん遣いの
献立帳です。

SAPPORO

目次

一月―睦月《むつき》

二月　如月《きさらぎ》

三月　弥生《やよい》

四月—卯月《うづき》

五月―皐月《さつき》

六月―水無月《みなづき》

七月──文月《ふみづき》

八月—葉月《はづき》

九月—長月《ながつき》

十月—神無月《かんなづき》

十一月 ― 霜月《しもつき》

十二月—師走《しわす》

〈本書のルールとご提案〉

●小さじ1＝5㎖、大さじ1＝15㎖です。

●1カップ＝200㎖です。

●米は1合＝180㎖で計量してください。

●フライパンはフッ素樹脂加工のものを使用しています。

●フードプロセッサーは、なければハンドブレンダーやミキサーなどで代用できます。

●火加減は「中火」が基本です。

●トマトやなすのヘタ、じゃがいもや大根の皮など、基本的に食べない部分は切り落としたり皮をむいて使います。レシピからは省略しています。

●「しょうが・にんにく」の「1かけ・1片」は親指の先ぐらいの大きさで、約15gです。すりおろすと大さじ1の分量になります。

●特に記載がない場合は、「しょうが」は皮をむいて、「にんにく」は芯を取って使います。

●「赤とうがらし」はヘタと種を取ってお使いください。

●「すりわさび」や「溶きがらし」は市販のチューブ入りのものでもよいでしょう。また、「実山椒」も市販の水煮の瓶詰めのもので十分です。

●「いりごま」「ねりごま」は白ごまのものを基本としています。いりごまは、使う時にからいりしてから使うと風味が良くなります。

●「酒」は料理酒ではなく、飲んでおいしい日本酒を使うことをおすすめします。

●「黒こしょう」はミルで挽きたてのものを使うとおいしいです。

●「片栗粉」は、あれば葛粉を使うことをおすすめします。

●「太白ごま油」と書いてある場合は香りのないごま油を使い、なければサラダ油で代用してください。「ごま油」と書いてある場合は「太香ごま油」など香りがする一般的なごま油をお使いください。

●「揚げ油」は、特に表記のないものはサラダ油を使います。

ピ!

一月

睦月《むつき》

そうだ、お雑煮で使った白みそがまだ冷蔵庫にたっぷりと残ってるんだっけ。聖護院かぶをおだしでやわらかく煮て、そこに白みそをたっぷりと。一緒に入れたお揚げさんを噛めば、たっぷり含んだかぶの香りと白みその甘みがじゅわりとお口に広がる…。白みそはお正月のみならず年中使う我が家の助っ人的存在です。もう少しコクを足したいな、甘みがほしいけどお砂糖はちょっとなって時にとても便利なんですよね。そうそう、それと1月は九条ねぎ。だし昆布を一枚沈めた土鍋に豆腐を入れて、3cmの長さにザッザッと切った九条ねぎを鍋いっぱいに詰め込んでしんなりしたところをポン酢でいただく「ねぎしゃぶ」(22ページ)は、風邪ひきさんも一発で治りそうな冬の特効薬的レシピ。あぁ冬はおいしいものに溢れていて、風邪をひいてる暇なんてありません！

1

白菜と鱈のグラタン

2

小鍋でかぶら蒸し

1

白菜と鱈のグラタン

こがさないように気長に炒めながら水気を飛ばして、白菜の甘みと旨みを引き出してください。

〈材料〉2人分

・白菜(粗みじん切り) 350g
・鱈の切り身(ひと口大に切る) 120g
・シュレッドチーズ 適量
・牛乳 300㎖
・バター 大さじ2弱(20g)
・塩 適量
・黒こしょう 適量
・小麦粉 大さじ2

1 鱈に塩を振り10分ほど置く。
2 鍋にバターを入れて火にかけ、半分ほど溶けたら白菜を入れる。白菜から出る水気がなくなるまで約10〜12分炒める。
3 小麦粉を加えて炒め、粉っぽさがなくなったら牛乳を注いでよく混ぜる。沸騰してトロリとしたら鱈を入れて黒こしょうを振り、塩で味をととのえ、ざっくりと混ぜて火を止める。
4 **3**をグラタン皿2枚に分けて流し入れ、シュレッドチーズをたっぷりとかける。
5 200度のオーブンで約15分焼く。フツフツ煮立ち、チーズがこんがりしたら取り出す。

2

小鍋でかぶら蒸し

手間のかかるかぶら蒸しを小鍋で作ってみました。蒸し器もあんを作る鍋も不要。小かぶを皮つきのますりおろしても作れますよ。

〈材料〉2人分

・聖護院かぶ (皮を厚くむいてすりおろし、軽く水気を切る) 1カップ(1/3個分)
・三つ葉(長さ3㎝に切る) 1/2束(30g)
・ゆり根(熱湯で3分ゆで、ざるに上げる) 8枚ほど
・白身魚の刺し身(甘鯛、鯛、平目など) 5切れ
・卵白 1個分
A
・だし 400㎖
・薄口しょうゆ 小さじ1
・塩 小さじ1/2
・おろしわさび 適量
・片栗粉 適量(同量の水で溶く)

1 ボウルに卵白を入れ三分立てにし、かぶを加えてざっくりと混ぜる。
2 鍋にゆり根と**A**を入れて火にかけ、温まったら魚を加え、片栗粉でとろみをつける。
3 三つ葉と**1**をこんもりと鍋全体を覆うようにのせてふたをし、蒸気が立ったら火を止める。お好みでおろしわさびを添える。

3 ねぎしゃぶ

4 鶏むねと白ねぎのゆず照り焼き

5 鶏ももと白ねぎのサッと煮

3

ねぎしゃぶ

たったこれだけの食材ですがゆで汁がすごくおいしいんです。シンプルなレシピで、体が喜ぶ小鍋です。残ったら翌日おみそ汁にしてもいいですよ。

〈材料〉2人分
・鶏むね肉（5㎜の薄切り）200g
・九条ねぎ（長さ3㎝に切る）3本
・濃口しょうゆ 適量
・昆布 10㎝×5㎝（5g）

1 土鍋に昆布と水400㎖を入れて30分ほど置く。
2 1を火にかけて、鍋肌に細かい気泡が出てきたら昆布を引き上げ、九条ねぎと鶏肉を入れる。軽く火が通ったら火を止める。小鉢などにゆで汁を玉じゃくし1杯分ほど入れ、好みで濃口しょうゆをたらし、鍋に添える。
3

4

鶏むねと白ねぎのゆず照り焼き

いつもの照り焼きにゆずの香りをまとわせて。時々ひっくり返しながら焼くとムラなく火が通り、パサパサになりません。

〈材料〉2人分
・鶏むね肉（繊維に垂直に二等分する）1枚（250g）
・白ねぎ（長さ3㎝に切る）1本
・ゆず 適量
A ・濃口しょうゆ、みりん、酒 各大さじ1
・太白ごま油 大さじ1

1 フライパンにごま油を熱し、温まったら鶏肉と白ねぎを置いて弱火にし、時々ひっくり返しながらじっくり中まで火を通す。
2 Aを回しかけてとろみがついたら、鶏肉を取り出し、適当な大きさに切って器に盛り、たれをかける。ゆずの皮の黄色い部分のみをおろし金でおろし、上から振りかける。

5

鶏ももと白ねぎのサッと煮

サッと火を通すだけ。加熱時間が短いので、もも肉の代わりにむね肉で作ってもパサつきません。

〈材料〉2人分
・鶏もも肉（角切り）200g
・白ねぎ（斜め薄切り）1本
A ・だし 400㎖
・薄口しょうゆ、酒 各小さじ2
・塩 ひとつまみ
・粉山椒 適量

1 鍋にAを入れて火にかけ、温まったら鶏肉と白ねぎを入れる。沸騰したら火を弱め、約1分煮る。
2 器に盛り、好みで粉山椒を振る。

6
しいたけのオーブン焼き

7
炊きっぱなしぶり大根

8
ひじき豆腐のあんかけ

6
しいたけのオーブン焼き

バゲットがなければ残ったパンやパン粉でOK。しいたけは軸がしおれていないしっかりしたものを選んで。パセリの代わりにねぎやバジルでも。

〈材料〉作りやすい分量
・しいたけ（石づきを切り軸を笠から切り分ける）6個
A
・パセリ 1枝
・バゲット 20g
・アンチョビーフィレ 2切れ
・にんにく 1片
・オリーブ油 大さじ3
・黒こしょう 適量

1 フードプロセッサーにしいたけの軸とAを入れて撹拌する。
2 しいたけの笠に6等分にした1を詰め、耐熱容器などに並べて200度のオーブンで約15〜20分焼く。黒こしょうを振る。

7
炊きっぱなしぶり大根

湯通しも皮むきも必要なし。パパッと切って煮るだけです。アクをきちんと引くことが肝心です。

〈材料〉2人分
・ぶりの切り身（3等分に切る）2切れ（200g）
・大根（皮つきのまま2cm幅のいちょう切り）1／2本（400g）
・しょうが（千切り）1かけ
・酒 100ml
・砂糖、濃口しょうゆ 各大さじ3
・みりん、薄口しょうゆ 各大さじ1

1 大根とぶりを鍋に入れ、しょうが・酒・かぶる程度の水を加えて強火にかける。沸騰したらアクを丁寧にすくい、砂糖を入れ、落としぶたをして中火に近い弱火にして約10分煮る。
2 濃口しょうゆを加え、煮汁が半量になるまで煮たら、薄口しょうゆとみりんを入れ、2〜3分煮て火を止める。

8
ひじき豆腐のあんかけ

豆腐は水切りしなくても大丈夫。タネを多めに作り、翌日はひと口大に丸めて油で揚げ、からしじょうゆでいただくのが我が家の定番です。

〈材料〉4人分
・鶏むねひき肉 200g
・木綿豆腐 200g
・九条ねぎ（小口切り）1本
・乾燥ひじき（洗って戻し、水気をしっかり切る）10g
・しょうが（みじん切り）小さじ1（4g）
・しょうが（すりおろす）適量
A
・だし 400ml
・薄口しょうゆ、みりん 各小さじ1強
・塩 ひとつまみ
・片栗粉 適量（同量の水で溶く）
・太白ごま油 大さじ1

1 木綿豆腐をボウルに入れ、なめらかになるまで手でつぶす。鶏肉・塩を加えてよく混ぜ、なじんだらひじきとしょうがのみじん切りを加えてさらに混ぜ、4等分し小判形に成型する。
2 フライパンにごま油を熱し、1を置く。焼き色がついたらひっくり返し、ふたをして両面がこんがりするまで焼き、皿に盛る。
3 鍋にAを入れて火にかけ、沸騰したら片栗粉でとろみをつける。2にたっぷりとかけ、九条ねぎとおろししょうがを添える。

9 油揚げの含め煮

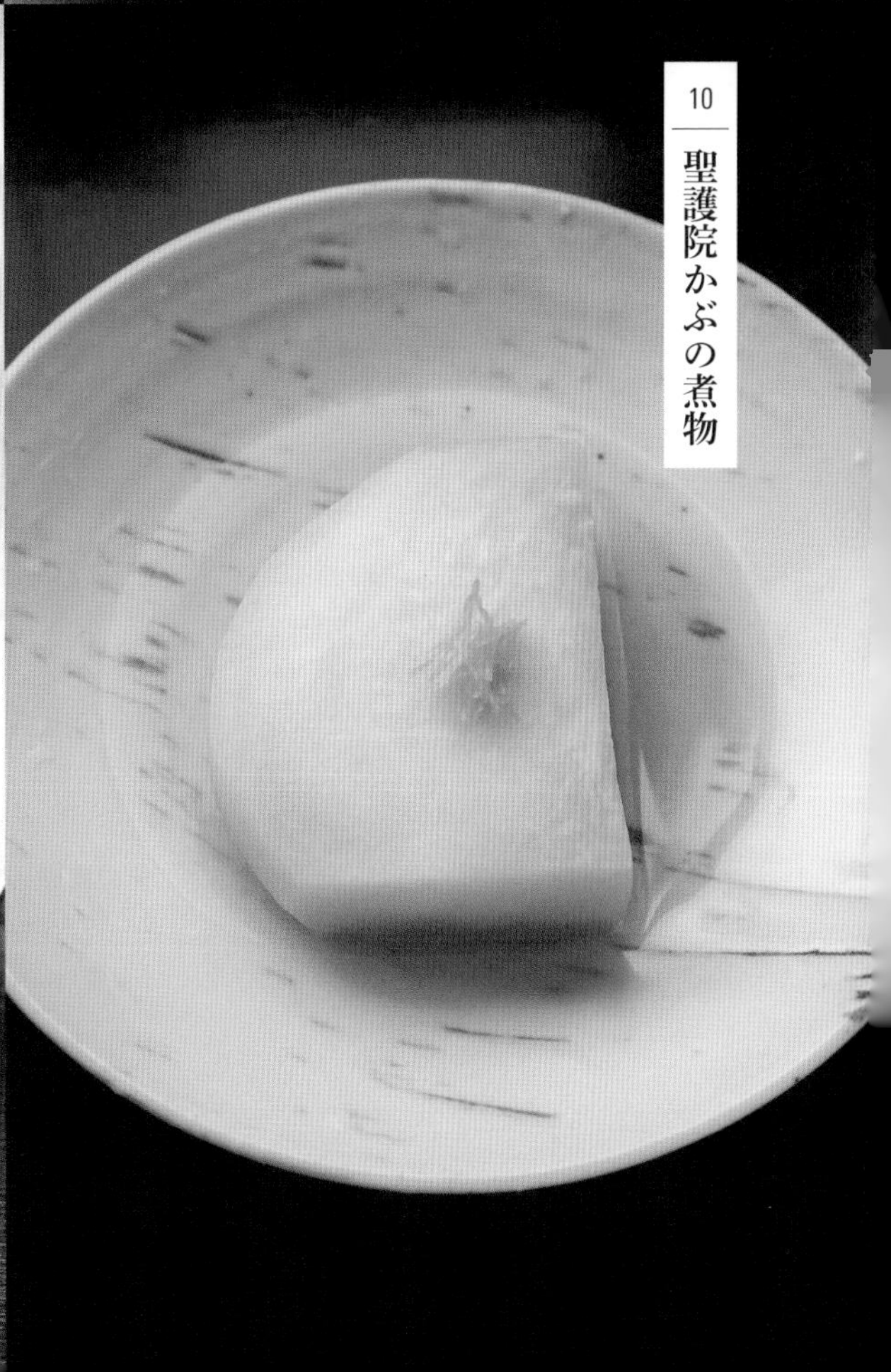
10 聖護院かぶの煮物

11 豆腐のあんかけ

12 春菊・金時にんじん・油揚げのサラダ

9

油揚げの含め煮

お豆腐屋さんの油揚げは、油まで美味。油抜きせず、そのままおだしに加えてコクを楽しんで。

〈材料〉4人分
- 油揚げ(ひと口大に切る) 100g
- しょうが(絞り汁) 適量

A
- だし 400mℓ
- 砂糖、薄口しょうゆ、みりん 各大さじ1

1 鍋に油揚げとAを入れて火にかけ、沸騰したら火を弱めて油揚げがクタッとするまで煮る。

2 火を止め、しょうがの絞り汁を加える。器に盛り、煮汁を張る。

10

聖護院かぶの煮物

シンプルにかぶの優しい甘さを味わってほしいレシピ。火が通ったら、いったん冷ましてグッと味を含めてください。調味料の入れ過ぎにご注意を。

〈材料〉作りやすい分量
- 聖護院かぶ 1／2個(正味500g)
- ゆずの皮(千切り) 適量

A
- だし 500mℓ
- 薄口しょうゆ 小さじ1／2
- 塩 小さじ1／4

1 かぶは厚く皮をむき、食べやすい大きさに切る。

2 鍋に1とAを入れて火にかけ、沸騰したら火を弱めて火が通るまで煮る。そのまま冷まし、味を含める。

3 食べる直前に火にかけ、温まったら器に盛り、煮汁を張ってゆずを添える。

11

豆腐のあんかけ

旨みの効いたあんをとろりとかけて——。たまにはこんな湯豆腐はいかがでしょう。あんは冷めるとかたくなるので、食べる直前に作ってください。

〈材料〉4人分
- 木綿豆腐(適当な大きさに切る) 200g
- しょうが(すりおろし) 適量

A
- だし 400mℓ
- 薄口しょうゆ、みりん 各大さじ2
- 塩 小さじ1／2

- 昆布 10㎝角(10g)
- 葛粉 25g(水50mℓで溶く)
- かつお節 10g

1 鍋に水と昆布を入れて約30分置く。豆腐を入れ、沸騰しない程度の火加減で火が通るまで煮る。

2 別の鍋にAを入れて火にかける。沸騰したらかつお節を加え火を弱めて5分ほど煮て、漉す。

3 2を煮立たせ、葛粉でとろみをつける。

4 器に1の豆腐を盛り、3をかけてしょうがを添える。

12

春菊・金時にんじん・油揚げのサラダ

金時にんじんは、サッと焦げ目がつく程度に焼くと甘みが増します。ドレッシングは多めに作って冷蔵庫で保存すれば1週間ほど持ちます。

〈材料〉4人分
- 春菊(葉を摘み、茎は斜め薄切り) 1束(200g)
- 金時にんじん(斜め薄切り) 1／4本
- 油揚げ 30g

A
- しょうが(すりおろし) 小さじ1
- 太白ごま油 大さじ2
- 濃口しょうゆ 大さじ1
- 米酢 小さじ1

- いりごま 大さじ1

1 金時にんじん・油揚げを金網などにのせ、コンロで弱火で焼く。

2 春菊と1をボウルに入れてざっくりと混ぜ合わせ、器に盛る。

3 空いたボウルにAを入れてよく混ぜ、2に回しかけて、いりごまを振る。

13 れんこんと牛肉の甘辛炒め

14 長いもと豚肉の粕漬け

15 千枚漬け

13
れんこんと牛肉の甘辛炒め

れんこんは縦に切ると火が通りやすくなります。牛肉のほか豚肉のこま切れや鶏ひき肉でもお試しください。冷めてもおいしいのでお弁当にも。

〈材料〉2人分
・れんこん(長さ3㎝の棒状に切る)200g
・牛こま切れ肉 100g
A ・みりん 大さじ1
　・濃口しょうゆ 大さじ1/2
・一味とうがらし 適量
・いりごま 適量
・牛脂(あれば)1かけ
・ごま油 小さじ2

1 フライパンに牛脂・ごま油を熱し、れんこんを入れてよく絡める。油となじんだら時々返しながらじっくりと焼き、焼き目がついたら牛肉を加えて炒める。

2 牛肉に半分ほど火が通ったらAを加えて水分が飛ぶまで焦がさないようによく絡め、器に盛り、一味といりごまを振る。

14
長いもと豚肉の粕漬け

洗わずそのまま焼いても焦げずに上手に仕上がる作り方です。漬かり具合は、あっさりがお好みなら漬けた翌日、しっかりなら3日目が食べ頃。

〈材料〉2人分
・豚ばら肉(ブロック、厚さ1㎝に切る)250g
・長いも(皮つきのまま1㎝幅の輪切り)4枚
A ・白みそ、酒粕(混ぜ合わせる)各150g
・太白ごま油 大さじ1

1 長いもと豚肉をペーパータオルで包む。

2 密閉容器にAを4割ほどを伸ばし1を並べる。その上に残りを塗り、ふたをして冷蔵庫に入れる。

3 豚肉と長いもを取り出し、ごま油を入れたフライパンで弱火でじっくり火が通るまで焼く。長いもは適当な大きさに切り、器に盛る。

15
千枚漬け

塩漬けなどせずとも、漬け汁を注いで約3時間で完成。「千枚漬けが自宅で簡単にできるなんて!」と大変好評です。酢の物感覚でペロリと食べられるさっぱり感です。

〈材料〉作りやすい分量
・聖護院かぶ 1/2個(正味500g)
A ・米酢 75㎖
　・砂糖 大さじ6(55g)
　・塩 小さじ1強(7g)
・糸昆布 2g
・赤とうがらし(小口切り)1本

1 ボウルにA・赤とうがらし・糸昆布を入れてよく混ぜる。

2 聖護院かぶは皮を厚くむき、繊維に直角にスライサーでいちょう切りか半月切りにする。漬物容器などに入れ、1を注いで全体に行き渡らせてから重しをし、3時間ほど冷蔵庫の野菜室に置く。

3 洗わずそのまま皿に盛る。

16
みぞれ汁

17
聖護院かぶと油揚げのお汁

18
ゆり根とからすみのご飯

20
豚肉と玉ねぎのつけそば

19
猪肉と冬野菜の白粕汁

16
みぞれ汁

ゆずの酸味が効いた新感覚のおつゆ。お酒を飲んだ締めにも最高です。

〈材料〉2人分
・大根(鬼おろしまたは粗めのおろし金でおろす)
1／4本(200g)
・三つ葉(長さ2cmに切る)1束(60g)
・ゆず 1／2個
A
・薄口しょうゆ、酒 各大さじ1
・だし 500mℓ
・塩 適量

1 鍋にAを入れて沸騰させ、大根・三つ葉を入れて玉じゃくしでざっくりと混ぜ、すぐに火を止める。
3 汁椀によそい、ゆずを絞り、好みで絞った後のゆずを添える。

17
聖護院かぶと油揚げのお汁

大根や山いもで作ってみるのもおすすめです。白みその分量は目安です。お好みで調整してください。

〈材料〉2人分
・聖護院かぶ (皮を厚くむき一口大に切る、あれば葉も使う)1／2個(正味500g)
・油揚げ(一口大に切る) 30g
・だし 500mℓ
・白みそ 大さじ4
・溶きがらし 適量

1 鍋に聖護院かぶ・油揚げ・だしを入れて火にかけ、沸騰したら火を弱める。かぶに火が通るまで煮る。
2 火を止めて白みそを溶き入れる。汁椀によそい、からしを添える。

18
ゆり根とからすみのご飯

ゆり根の甘みとホクホクした食感がたまりません。

〈材料〉4人分
・ゆり根(熱湯で4分ゆで、ざるに上げる)
15枚ほど
・からすみ 適量
・白米(洗ってざるに上げ、30分置く)2合
・酒 大さじ1

1 炊飯器に白米と酒を入れ、水適量を目盛りのところまで注ぎ、ふたをして炊く。
2 炊き上がったらゆり根を入れて優しく混ぜ、茶碗によそい、からすみをおろし金などでおろして振りかける。

19

猪肉と冬野菜の白粕汁

煮込んだものとはまた違って、香ばしさがプラスされます。ほんの少しの酒粕が体を温めてくれますよ。猪肉の代わりに豚肉でもどうぞ。

〈材料〉作りやすい分量
・猪のこま切れ肉
（なければ豚こま切れ肉）100ｇ
・大根（千切り）150ｇ
・にんじん（千切り）15ｇ
・白菜 2枚（160ｇ）
・九条ねぎ（小口切り）適量
・こんにゃく（下ゆでして千切り）50ｇ
・酒粕 大さじ2
・だし 500㎖
・白みそ 70ｇ
・塩 小さじ1／2
・七味とうがらし 適量

1 猪肉は塩をまぶして常温で1時間ほど置く。白菜は白い部分は幅3㎝に切ってから、繊維に沿って1.5㎝の棒切りにする。葉は一口大に切る。

2 鍋に大根・にんじん・こんにゃく・だしを入れて火にかける。沸騰したら弱火にしてやわらかくなるまで煮て火を止め、白みそと酒粕を溶き入れる。

3 フライパンを熱し、油を引かずに猪肉をこんがりするまで炒める。

4 **2**を再び火にかけ、白菜と九条ねぎを入れ、シャキシャキした歯ごたえが残る程度で火を止める。汁椀によそい、**3**をのせ、七味を振る。

20

豚肉と玉ねぎのつけそば

つけ汁は多めに作っておけば冷凍できます。忙しい日にサッと解凍してお役立てください。

〈材料〉2人分
・豚ロース肉（しゃぶしゃぶ用）100ｇ
・玉ねぎ（縦5㎜の薄切り）1／2個（100ｇ）
・九条ねぎ（小口切り）適量
・そば（ゆで）2玉
・しょうが（すりおろす）小さじ1（6ｇ）
A
・だし 400㎖
・濃口しょうゆ、みりん 各100㎖

1 鍋に玉ねぎとAを入れて火にかけ、沸騰したら弱火にして約2分煮る。

2 豚肉を入れて火が通ったら火を止め、器に盛り、九条ねぎ・しょうがを添える。

3 そばは熱湯でサッとゆでてざるに上げて冷水で締め、水気を切って皿に盛る。

二月

如月

きさらぎ

底冷えする寒さが続くこの時期は湯気が何よりものご馳走ですよね。蒸し器で温めておいたお気に入りの器にあつあつの風呂ふき大根を盛りつけて、メガネを曇らせふーふー息を吹きかけ、熱い熱いと舌を火傷する勢いでいただきます。熱さも痛みすらもおいしさのうちとは言い過ぎなのかしら。具沢山に仕上げた酒粕たっぷりの粕汁（44ページ）、そこに炊き込みご飯なんてあればもう充分なお献立に。いわしはしょうがをたっぷり効かせて甘辛く煮て（38ページ）、台所に置いておけば味もしっかり浸み、あえてその冷めたところを熱燗でキュッといただく…、あ〜たまりません。ふきのとうの苦みはおとなになってからのお楽しみ。めんたいこ、しらたきと合わせて小鉢に盛りつけたら（42ページ）、遠いようで近い春ももうすぐと感じられるような気がします。

21

白菜と塩豚のクリアスープ

22

鶏からポン

21

白菜と塩豚のクリアスープ

一度しっかり冷やすことで、浮いた脂が固まってきっちり取り除きやすくなり、透明で品のあるスープに仕上がります。

〈材料〉4人分
・豚ばら肉(ブロック) 500g
・白菜(一口大に切る) 1/4個(250g)
・白ねぎの葉の部分 1本分
・しょうが(絞り汁) 小さじ2(10g)
・塩 小さじ1/2

1 豚肉を厚さ1cmに切り、表面に塩をすり込み、2時間ほどおく。ペーパータオルなどで表面の水気を拭き取り、鍋に水1.2ℓと白ねぎの葉とともに入れて火にかける。沸騰したら火を弱め、アクをすくいながら1時間ほど煮る。

2 鍋を火からおろし、粗熱が取れたら冷蔵庫で冷やす。脂が固まったら、穴あき玉じゃくしなどで取り除く。白ねぎの葉も取り出す。

3 再び火にかけ、温まったら白菜を加え、しんなりするまで煮る。しょうがを加えて火を止める。

4 器に盛り、煮汁を張る。

22

鶏からポン

鶏もも肉には、薄口しょうゆで下味程度に味つけします。大根おろしを添え、ポン酢をかけてサラダ感覚でどうぞ。

〈材料〉4人分
・鶏もも肉(角切り) 400g
・大根おろし 1/2カップ
・クレソン(あれば) 適量
A ・薄口しょうゆ、酒 各大さじ1
・一味とうがらし 適量
・ポン酢 適量
・片栗粉 適量
・揚げ油 適量

1 ボウルに鶏肉とAを入れてよく混ぜ、すぐに片栗粉をまぶしつけ、180℃の油でカラリとするまで揚げる。

2 器に盛り、ポン酢をかけ、大根おろしをのせ、一味を振り、クレソンを添える。

23 いわしのしょうが煮

24 牛肉と絹揚げの煮物

25 三種のお菜っ葉のあんかけ

26 にんじん葉のごまあえ

23

いわしのしょうが煮

魚の生臭みを和らげる、たっぷりのしょうががポイント。冷めてもおいしいので、お弁当に入れても。

〈材料〉2人分
・真いわし(頭と内臓を取り除いたもの) 8尾
A
・酒 100 mℓ
・濃口しょうゆ 大さじ2
・砂糖、みりん 各大さじ1
・しょうが(千切り) 1かけ

1 鍋に水200 mℓ・A・しょうがを加えて火にかけ、沸騰したら真いわしを並べて紙ぶたをする。中火に近い弱火で10〜15分ほど煮る。途中、玉じゃくしなどで煮汁を上から回しかける。

2 火を止め、冷めるまでそのまま置く。

24

牛肉と絹揚げの煮物

肉豆腐を絹揚げで作ると、煮崩れの心配がありません。絹揚げは厚揚げと違い、中がやわらかくふんわり。厚揚げや木綿豆腐でもお試しください。

〈材料〉作りやすい分量
・牛こま切れ肉 200 g
・絹揚げ 4個(400 g)
・九条ねぎ(斜め薄切り) 適量
A
・だし 400 mℓ
・薄口しょうゆ、みりん 各大さじ1

1 牛肉は熱湯でサッとゆで、ざるに上げる。

2 鍋に1とAを入れて火にかけ、沸騰したら絹揚げを入れて弱火にする。約10分煮たら火を止めて冷まし味を含ませる。

3 食べる直前に火にかけて温め、九条ねぎを入れてしんなりしたら器に盛り、好みで溶きがらし(分量外)を添える。

25

三種のお菜っ葉のあんかけ

白菜、チンゲンサイなどお好みの菜っ葉を数種混ぜて作ると、味わい深く、さまざまな歯ごたえを感じられます。

〈材料〉作りやすい分量
・壬生菜、小松菜、水菜など 合わせて約300 g
・しょうが(すりおろす) 1かけ
A
・だし 400 mℓ
・薄口しょうゆ、酒 各大さじ1／2
・片栗粉(同量の水で溶く) 適量

1 菜っ葉類は根元を切り取り、長さ3 cmに切る。

2 鍋にAを入れて火にかけ、温まったら1を加えてサッと煮て、片栗粉でとろみをつける。

3 器に盛り、しょうがを添える。

26

にんじん葉のごまあえ

お好みで油揚げを刻んだものを加えてもボリュームが出ます。あつあつのご飯に混ぜ込んで、にんじん葉のまぜご飯にしても。

〈材料〉作りやすい分量
・にんじん葉 1袋(150 g)
A
・だし 大さじ1
・濃口しょうゆ 小さじ1／2
・すりごま 大さじ2

1 ボウルにすりごまとAを入れ、よく混ぜる。

2 熱湯でにんじん葉をやわらかくなるまでゆで、ざるに上げて粗熱が取れたらギュッと絞り、2 cm幅に切る。

3 2を1に入れ、よく混ぜる。

27

大根の白みそあんかけ

28

芽キャベツのカレー炒め

27

大根の白みそあんかけ

白みその優しい甘みが、トロトロに煮えた大根の甘みと自然になじみます。ぜひお皿もあつあつに。

〈材料〉2人分

・大根（2㎝の輪切りにし、厚く皮をむく）250g
・米のとぎ汁 適量
A
・だし 300㎖
・白みそ 大さじ1
・薄口しょうゆ 小さじ1
・片栗粉 適量（同量の水で溶く、葛粉でも可）
・溶きがらし 適量

1 鍋に大根とかぶる程度の米のとぎ汁を入れてやわらかくなるまで煮る。表面のぬめりをサッと洗い、ざるに上げて粗熱を取る。

2 鍋に1とAを入れて火にかけ、沸騰したら弱火にして約5分煮る。片栗粉でとろみをつけ、火を止める。

3 皿に盛り、からしを添える。

28

芽キャベツのカレー炒め

芽キャベツは火を通し過ぎるとおいしさが半減。焦がし過ぎないよう手早く炒めて。クミンは炒めている途中に入れるのが最適です。

〈材料〉2人分

・芽キャベツ（くし切り）3個
・クミンシード 小さじ1／2
・カレー粉 小さじ1／2
・塩 適量
・オリーブ油 大さじ1

1 フライパンにオリーブ油を入れて火にかけ、芽キャベツを入れて強火で切り口を焼きつけるように手早く炒める。途中、クミンを入れる。

2 軽く焦げ目がついてクミンがパチパチと音を立ててきたら、カレー粉と塩を加えてざっくりと混ぜ、皿に盛る。

29 タマキャット

30 ふきのとうしらたき

31 ぜいたく煮

29
タマキャット

卵、キャベツ、豆腐の頭文字で〝タマキャット〟。母が作ってくれた思い出の味です。優しい甘みと口当たりなので、お子さまからご年配の方までおいしくお召し上がりいただけます。

〈材料〉作りやすい分量
・卵 2個
・キャベツ(千切り) 1/2玉(600g)
・木綿豆腐 100g
A ・だし 200mℓ
　・薄口しょうゆ 小さじ1/2
・薄口しょうゆ 小さじ1/2
・太白ごま油 大さじ1
・片栗粉(同量の水で溶く) 適量

1 ボウルに卵を割り入れ、薄口しょうゆを加えてよく混ぜる。
2 フライパンにごま油を熱し、キャベツを炒める。しんなりしたら木綿豆腐を適当な大きさに崩して加えて軽く炒め、1を入れてざっくりと炒め合わせ、器に盛る。
3 鍋にAを入れて火にかけ、沸騰したら片栗粉でとろみをつけ、2にたっぷりとかける。

30
ふきのとうしらたき

切ったら変色していくふきのとうは、色が変わらないうちに一つずつ手早く炒めると美しい仕上がりに。めんたいこは、レアで仕上げてもしっかり加熱してもおいしいです。

〈材料〉作りやすい分量
・ふきのとう(ざく切り) 5~6個(30g)
・めんたいこ(軽くほぐす) 50g(約1腹)
・糸こんにゃく(アク抜き済みのもの、食べやすい長さに切る) 200g
・薄口しょうゆ 小さじ1
・太白ごま油 大さじ1

1 鍋にごま油を熱し、ふきのとうを1個切るごとに鍋に入れ、油とよくあえるように炒める。
2 糸こんにゃくを加えてよく炒め、薄口しょうゆを入れて混ぜたら火を止める。めんたいこを加えてざっくりと混ぜ、器に盛る。

31
ぜいたく煮

古漬けの塩抜きはほんのり塩味を感じる程度にとどめて。冷たいぜいたく煮は冬のごちそうです。

〈材料〉作りやすい分量
・沢庵の古漬け(幅5mmの輪切り) 250g
・煮干し(頭と内臓を取る) 10g
A ・濃口しょうゆ、酒 各大さじ2
・赤とうがらし(小口切り) 1本

1 沢庵は水にさらし、何度か水を替えて塩抜きする。
2 鍋に水400mℓを張り、しっかり水気を切った1・煮干し・赤とうがらし・Aを入れて強火にかける。沸騰したら中火にし25~30分ほど煮る。途中、上下を返すように混ぜる。
3 火を止め、冷めるまで置く。器に盛り、煮汁を張る。

32
大根葉と油揚げの煮物

34
カレーうどん

33
れんこんつくね入り粕汁

32 大根葉と油揚げの煮物

小松菜や水菜でも作れます。あつあつもほっこりしますが冷めたものもまたおいしいので、常備しておくと重宝しますよ。

〈材料〉作りやすい分量
- 大根葉（長さ3㎝に切る）200g
- 油揚げ（縦に3等分し幅1㎝に切る）50g
- A
  - だし 400㎖
  - 薄口しょうゆ、みりん 各小さじ2
- 七味とうがらし 適量

1 鍋にAと油揚げを入れて火にかけ、油揚げがクタッとしたら大根葉を入れる。好みの火の通り具合で火を止める。

2 器に盛り、煮汁を張り、七味を振る。

33 れんこんつくね入り粕汁

「お野菜をたっぷり食べて温まりたいな」って時にぴったり。ここにちょこっと冷やご飯を入れて食べるのも、冬のお楽しみ。

〈材料〉4人分
- 鶏ももひき肉 150g
- 大根（長さ3㎝の棒切り）1／4本（200g）
- れんこん 80g
- にんじん（長さ3㎝の棒切り）30g
- ごぼう（斜め薄切り）1／3本（60g）
- 九条ねぎ（小口切り）1／3本
- 酒粕 20g
- しょうが（みじん切り）小さじ1弱（3g）
- だし 700㎖
- 米みそ 大さじ2弱（30g）
- 薄口しょうゆ 小さじ1／2
- 一味とうがらし 適量
- ごま油 小さじ1／4

1 大根・にんじん・ごぼうを鍋に入れてだしを注ぎ、火にかける。

2 れんこんは半分はみじん切りに、残りはすりおろす。ボウルに鶏肉・すりおろしたれんこん・九条ねぎ・しょうが・薄口しょうゆ・ごま油を入れてよく混ぜ、粘りが出たらみじん切りのれんこんを入れて混ぜ、8等分に分けて丸める。

3 **1**が沸騰したら**2**を入れ、8分ほど煮て火が通ったら、米みそと酒粕を入れてよく混ぜる。汁椀によそい、九条ねぎの小口切り（分量外）を添え、一味を振る。

34 カレーうどん

あんを作る時は、いったん火を止めてから片栗粉を入れ、手早く混ぜてだしとなじませてから再び火にかけるとダマになりません。

〈材料〉4人分
- うどん 4玉
- 九条ねぎ（斜め薄切り）1本
- 油揚げ（縦に3等分し、端から1㎝幅に切る）100g
- A
  - だし 1.4ℓ
  - カレー粉 大さじ2
  - 薄口しょうゆ、酒 各大さじ2
  - 塩 小さじ1／2
- 片栗粉 大さじ4（水120㎖で溶く）

1 鍋に油揚げとAを入れて火にかけ、沸騰したら火を止める。

2 片栗粉を入れて手早く混ぜる。再び火にかけてしっかり混ぜ、とろみがついたら九条ねぎを加えて混ぜ、火を止める。

3 うどんを熱湯で10秒ほどゆでて、ざるに上げて水気を切り、器に盛り**2**をかける。

35
豆腐とおじゃこのとろみ汁

36
大根の炊き込みご飯

37
レアチーズケーキ いちごソースがけ

35

豆腐とおじゃこのとろみ汁

カリカリのおじゃこが香ばしく、料理のアクセントになります。とろみ汁のほか、サラダのトッピングにしたりおひたしにかけたりと重宝しますよ。

〈材料〉4人分
・絹ごし豆腐(さいの目切り)100g
・ちりめんじゃこ 40g
A
・だし 600mℓ
・薄口しょうゆ、酒 各大さじ1
・塩 適量
・黒こしょう 適量
・片栗粉 30g(同量の水で溶く)
・サラダ油 大さじ2

1 フライパンにちりめんじゃことサラダ油を入れて火にかける。きつね色になりカリッとするまで炒め、ペーパータオルなどに移して油を切る。
2 鍋にAを入れて火にかけ、温まったら絹ごし豆腐を入れる。沸騰したら片栗粉を加え、とろみがついたら火を止める。
3 汁椀によそい、1をかけて黒こしょうを振る。

36

大根の炊き込みご飯

塩もみした大根はかさが減ってたくさん食べられます。食物繊維をたっぷり取れますよ。

〈材料〉作りやすい分量
・大根(千切り)250g
・白米(洗ってざるに上げ、30分置く)2合
・ちりめんじゃこ 25g
・昆布 10cm×5cm(5g)
・塩 小さじ1／2
・ごま塩 適量

1 大根をボウルに入れ、塩をなじませる。しんなりしたらもみ、水気を絞る。
2 炊飯器に白米を入れ、水適量を目盛りのところまで注ぎ、1・じゃこ・昆布を加えて炊く。
3 優しく混ぜ、茶碗によそい、ごま塩を振る。

37

レアチーズケーキ いちごソースがけ

クリームチーズはやわらかくなるまで常温に戻し、3で湯せんする際にきっちり温めるのがポイント。型から取り出す時は短時間湯煎するとスルッとはがれやすいですよ。

〈材料〉作りやすい分量
・いちご(くし切り)大きめ4個
・ビスケット(お好みのもの)4〜5枚
・クリームチーズ(常温に戻しておく)200g
・無糖ヨーグルト 100mℓ
・レモンの絞り汁 大さじ1
・レモンの皮(削る)小さじ1
A
・赤ワイン 70mℓ
・グラニュー糖 大さじ1
・レモン汁 小さじ1
・グラニュー糖 40g
・生クリーム 100mℓ
・白ワイン 大さじ1
・板ゼラチン(たっぷりの水で戻す)3枚(4.5g)

1 鍋にいちごとAを入れ火にかける。沸騰しはじめたら火を弱め、やわらかくなったら火を止める。
2 ケーキの型にオーブンシートを敷き、ビスケットを並べる(隙間があっても大丈夫)。
3 フードプロセッサーにクリームチーズ・無糖ヨーグルト・レモン汁・レモンの皮・グラニュー糖・生クリームを入れてなめらかになるまで撹拌し、ボウルに移し、湯煎にかけて温める。
4 白ワインを別のボウルで湯煎し、板ゼラチンを入れて溶かし、3に加えてよく混ぜる。2に流し込み、表面をなめらかにならしてラップをかけ、冷蔵庫で3時間ほど冷やす。
5 4を切り分け、器に盛り、1をかける。

三月

弥生《やよい》

菜の花や山菜、そら豆やブロッコリーなどがワサッと一斉に店先に並ぶ季節。旬を迎えた食材たちの生命力たるや。3月は自然の息吹を感じずにはいられません。そら豆の蒸れた青い香りは、たまごサラダを添えたら（56ページ）少し甘めのスパークリングワインと一緒にいただくとたまんないだろうなぁ。うすいえんどうは旬のうちにゆでて冷凍しておけば、いつだっておいしい豆料理ができ上がります。するめいかとザッと炒めて食卓に出しておけば、汁までご飯にかけちゃうほどの人気者に（51ページ）。菜の花やブロッコリーは歯ごたえを生かしたおいしさだけでなく、クッタクタになるほど煮込んでみるのもおすすめです（58ページ）。かためではわからなかった魅力がチラッと顔を出すんですよね。あ〜あれこれ作るのめんどくさいなぁ〜とダラダラ煮込んでみたらば旨かった。実はズボラな性格ゆえにでき上がったレシピなんですけれどね。

38

さわらの紹興酒蒸し

39

うすいえんどうとするめいかの中華炒め

40

カリカリおじゃこと水菜のサラダ

38

さわらの紹興酒蒸し

葉から芯まで、白ねぎを無駄なく使い切れるレシピです。熱したごま油を扱う際は火傷にご注意を。

〈材料〉2人分
・さわらの切り身 2切れ(250g)
・白ねぎ 1と1／2本
・しょうが(千切り、むいた皮も使う) 1かけ
A
・オイスターソース 大さじ1／2
・濃口しょうゆ 小さじ1
・塩 適量
・紹興酒 大さじ1
・太白ごま油 大さじ1

1 さわらは塩を軽く振り、10分ほど置く。
2 白ねぎは葉を落とし、長さ3cmに切って芯を取り、千切りにする。
3 フライパンに白ねぎの葉と芯を並べ、しょうがの皮を入れ、水150mℓと紹興酒を入れてふたをし、火にかける。沸騰して蒸気が立ったらねぎの上に1を並べてふたをし、中火に近い弱火で6分ほど蒸し焼きにし、火が通ったら皿に盛る。
4 フライパンに残った汁大さじ1をボウルに入れ、Aを入れて混ぜ、3にかける。
5 別のボウルに2としょうがを入れる。小鍋にごま油を熱し、煙が立ってきたらボウルの中に回しかけて香りを立たせ、油ごと4にかける。

39

うすいえんどうとするめいかの中華炒め

味つけはうすいえんどうのゆで汁のみで。塩気が足りないようなら塩(分量外)を追加して。するめいかは火を通しすぎるとかたくなるのでご注意を。

〈材料〉2人分
・うすいえんどう(さやから外す) 1カップ
・するめいか(下処理済みのもの) 1ぱい
・にんにく(薄切り) 1片
・塩 小さじ1／3
・赤とうがらし 1／2本
・太白ごま油 大さじ1

1 鍋に水400mℓ・塩・うすいえんどうを入れて火にかけ、沸騰したら火を弱めて10分ほど煮て火を止め、ゆで汁ごと冷ます。
2 するめいかは、胴を1cm幅に、ゲソは食べやすい大きさに切る。
3 フライパンにごま油・にんにく・赤とうがらしを入れて火にかけ、にんにくの香りが立ってきたらするめいかを炒める。半分ほど火が通ったら1のうすいえんどうを入れて炒め合わせ、1の煮汁を50mℓほど回しかけてざっくりと混ぜる。

40

カリカリおじゃこと水菜のサラダ

あつあつのおじゃこと油を水菜にジュッとかけるのがポイント。少ししんなりするので、かさが減っていくらでも食べられます。カルシウムも取れますよ。

〈材料〉作りやすい分量
・水菜(長さ3cmに切る) 1束(200g)
・ちりめんじゃこ 20g
・薄口しょうゆ 小さじ1／2
・ごま油 大さじ1

1 ボウルに水菜を入れる。
2 フライパンにちりめんじゃことごま油を入れて火にかけ、きつね色になりカリカリッとするまで炒める。油ごと1に入れ、薄口しょうゆを加え、手早く混ぜて器に盛る。

41
春野菜と牛肉のサラダ

42
カリフラワーのカレーマリネ

41

春野菜と牛肉のサラダ

ふきのとうはアクが強く断面が変色するので、切ったらすぐ油となじませるように炒めてください。お好みの春野菜をたっぷり盛り込んでくださいね。

〈材料〉2人分
- 牛こま切れ肉 200g
- うど(皮をむいて千切りにし水にさらす) 40g
- かぶ(薄切り) 1個
- ミニトマト 6個
- 芽キャベツ 4個
- ふきのとう(ざく切り) 5～6個(30g)
- ルッコラ、ディル(長さ3cmに切る) 各適量
- にんにく 1片
- 酒盗 小さじ2
- 白バルサミコ酢 大さじ4
- 黒こしょう 適量
- 赤とうがらし 1/2本
- 太白ごま油 大さじ2

1 芽キャベツは熱湯でゆでる。牛肉は芽キャベツのゆで汁でゆで、ざるに上げて水気を切る。

2 フライパンににんにく・赤とうがらし・ごま油を入れて火にかけ、香りが立ったらふきのとうを切って入れ、酒盗を加え、手早く炒める。

3 ボウルに**1**・ほかの野菜・**2**を入れ、バルサミコ酢を回しかけてざっくりと混ぜ、器に盛り、黒こしょうを振る。

42

カリフラワーのカレーマリネ

お台所も手も汚さず、ササッと作れる簡単マリネ。冷蔵庫で4日ほど日持ちします。お弁当のおかずにもおすすめです。

〈材料〉作りやすい分量
- カリフラワー(小房に分けて一口大に切る) 1個(200g)

A
- オリーブ油 大さじ1
- 米酢 小さじ2
- カレー粉 小さじ1
- 塩、砂糖 各小さじ1/2

1 ポリ袋に**A**を入れて口を閉じ、振って混ぜ合わせる。

2 カリフラワーは熱湯でかためにゆで、熱いうちに**1**に入れる。再び袋の口を閉じ、袋の上からもむようになじませて常温で2時間ほど置く。

43
とゆ湯葉のグリッシーニ

44
ゆで鶏のふきのとうソース

45

じゃがいものゆずみそあえ

46

ゆでそら豆と卵サラダ

43

とゆ湯葉のグリッシーニ

オリーブ油のほか、サラダ油やごま油で作っても。

〈材料〉2人分
・とゆ湯葉（乾燥ゆば）6本
・生ハム 適量
・粉山椒 適量
・揚げ油（オリーブ油）100㎖

1 フライパンにオリーブ油を熱し、とゆ湯葉を入れてカリカリになるまで転がしながら揚げ焼きにし、バットに引き上げる。

2 **1**に生ハムを巻いて皿に盛り、オリーブ油適量（分量外）を回しかけ、粉山椒を振る。

44

ゆで鶏のふきのとうソース

鶏をジューシーに仕上げるには、常温に戻してから加熱を。ソースは豆腐のトッピングやパスタにも。

〈材料〉作りやすい分量
・鶏むね肉（繊維に沿って3等分に切る）1枚（250g）
・ふきのとう（ざく切り）10個（60g）
・白ねぎの葉 1本分
・しょうがの皮 適量
・にんにく（すりおろす）1片
・赤とうがらし（半分に切る）1本
・塩 大さじ1
・オリーブ油 大さじ5

1 鍋に水500㎖と白ねぎの葉・しょうがの皮・塩を入れて火にかける。沸騰したら鶏肉を入れてすぐに火を止め、人肌に冷めるまで置く。

2 フライパンににんにく・赤とうがらし・オリーブ油を入れて火にかける。香りが立ったらふきのとうを炒め、青く透き通ったら塩適量（分量外）を振り、火を止める。

3 **1**の鶏肉を好みの厚さに切り、皿に盛り**2**をかける。

45

じゃがいものゆずみそあえ

じゃがいもは多少崩れたくらいの方がほっくり・しっとりとしておいしいんです。なので大きいじゃがいもは半分に切ってゆでてもOKです！

〈材料〉2人分
・じゃがいも（男爵）大1個（150g）
A
・白みそ、オリーブ油 各大さじ1
・ゆず（絞り汁）小さじ2
・練りごま 小さじ1
・黒こしょう 適量

1 じゃがいもは皮つきのまま鍋に入れ、たっぷりの水を張ってやわらかくなるまでゆでる。

2 火が通ったら湯を捨て、熱いうちに皮をむき、一口大に切って鍋に戻して火にかける。鍋をあおるように揺すって水分を飛ばす。

3 ボウルに**A**を入れてよく混ぜ、**2**を加えてざっくりと混ぜ、皿に盛り、黒こしょうを振る。

46

ゆでそら豆と卵サラダ

卵サラダは、そら豆にディップのようにつけたり、混ぜたり、お好みの食べ方でどうぞ。

〈材料〉2人分
・そら豆 20粒ほど
・卵 1個
A
・オリーブ油 大さじ1
・レモン（絞り汁）小さじ1
・塩、黒こしょう 各適量
・酢 小さじ1

1 鍋に卵とかぶるくらいの水を張り、酢を入れて火にかける。沸騰したら火を弱め、かたゆでにして水に取り、殻をむく。

2 ボウルに**1**を入れてフォークなどで粗くつぶし、**A**を入れてよく混ぜる。

3 そら豆はお歯黒の部分に包丁で軽く切り込みを入れ、熱湯で2分ほどゆで、ざるに上げる。皿に盛り、**2**を添える。

47

菜の花の煮込みを添えたブルスケッタ

48

中華たまご

49

ブロッコリーのクタクタサラダ

47

菜の花の煮込みを添えたブルスケッタ

菜の花のほろ苦さがたまりません。焦げやすいので火加減には十分注意してください。バゲットだけでなくクラッカーに添えてもいいですね。

〈材料〉作りやすい分量
・菜の花(長さ2cmに切る) 200g
・バゲット 適量
・クリームチーズ 適量
・にんにく(みじん切り) 1片
・白ワイン 150mℓ
・塩 小さじ1／2
・黒こしょう 適量
・赤とうがらし 1／2本
・オリーブ油 大さじ2

1 フライパンにオリーブ油・にんにく・赤とうがらしを入れて弱火にかけ、にんにくがカリッとしたら菜の花を入れて炒める。菜の花がしんなりしたら塩と白ワインを入れて中火にし、水分がなくなるまで煮詰める。

2 バゲットをスライスしてトースターなどでカリッと焼き、クリームチーズを塗って**1**をのせ、黒こしょうを振る。

48

中華たまご

1日漬けるだけ！ 中華風のおいしいしょうゆ漬けです。卵以外に野菜を漬けるのもおすすめ。余った漬け汁は煮物の味つけにして使い切るといいですね。

〈材料〉作りやすい分量
・卵 4個
A
・濃口しょうゆ、みりん 各大さじ4
・紹興酒 大さじ2
・八角 1個
・花椒《ホワジャオ》(粒) 小さじ1
・酢 大さじ1
・紹興酒(仕上げ用) 大さじ1
・赤とうがらし 1本

1 鍋に**A**・八角・花椒・赤とうがらしを入れて火にかけ、沸騰したら火を止めて仕上げに紹興酒を加えて冷ます。

2 鍋に卵とかぶるくらいの水を張り、酢を入れて火にかける。沸騰したら火を弱め、7分ほどゆでて水に取り、殻をむく。

3 **1**に**2**を入れ、1日置く。食べやすい大きさに切り分けて器に盛り、煮汁を適量かける。

49

ブロッコリーのクタクタサラダ

ブロッコリーはスプーンで簡単につぶせるぐらいやわらかくなるまでゆでて。熱いうちにあえると味がなじんで、翌日もおいしくいただけますよ。

〈材料〉作りやすい分量
・ブロッコリー 1個(200g)
A
・クミンシード 小さじ1
・塩 小さじ1／2
・黒こしょう 適量
・オリーブ油 大さじ2

1 ブロッコリーは小房に切り分け、茎の部分は皮をむいてさいの目に切りにする。熱湯でやわらかくなるまでゆでる。

2 ボウルに**A**と**1**を入れ、スプーンなどでつぶしながらよく混ぜる。

50

菜の花といかのからしごまあえ

52

トマトと白魚とわかめの木の芽酢あえ

51

キャベツとルッコラの卵炒め

53

まぐろのしょうが煮

50 菜の花といかのからしごまあえ

刺し身用のいかを使いましたが、加熱してもまた違った味わいでおすすめです。からしは多めの方が風味豊か。

〈材料〉2人分
・菜の花 80g
・いか(刺し身用) 50g
A
・すりごま、米酢、白みそ 各大さじ2
・溶きからし 適量

1 菜の花は熱湯でかためにサッとゆで、ざるに上げて冷まし、長さ2cmに切って軽く絞る。いかは5mm幅に切る。
2 ボウルにAを入れてよく混ぜ、なじんだら1を入れてざっくりと混ぜ、器に盛る。

51 キャベツとルッコラの卵炒め

キャベツと卵の甘みに、心もほっこりしますよ。卵は半熟くらいで器に移すと、食べる頃にはふっくら火が通っているはずです。

〈材料〉2人分
・キャベツ(幅1.5cmに切る) 1/4個(300g)
・ルッコラ(ざく切り) 1茎(10g)
・溶き卵 1個分
・塩 ひとつまみ
・オリーブ油 大さじ1

1 フライパンにオリーブ油を熱し、キャベツを炒める。
2 しんなりしたら塩とルッコラを入れて混ぜ、卵を注いで手早く火を通し、器に盛る。

52 トマトと白魚とわかめの木の芽酢あえ

春が来たと思わせる木の芽の香りがポイントです。香りを閉じ込めるべく、木の芽は刻んだらすぐに酢と合わせてください。

〈材料〉2人分
・トマト(一口大に切る) 1個(150g)
・生わかめ(一口大に切る) 200g
・白魚 50g
・木の芽 10枚ほど
A
・だし 200mℓ
・米酢 50mℓ
・薄口しょうゆ 大さじ1

1 器にトマト・白魚・生わかめを盛る。
2 木の芽を包丁で粗くたたいてボウルに入れ、すぐにAを入れて混ぜ、1にかける。

53 まぐろのしょうが煮

切り落としやすき身で作ることでそぼろ状になってご飯と合います。まぐろ以外にもさまざまな魚のアラでお試しください。

〈材料〉作りやすい分量
・まぐろの切り落とし(一口大に切る) 100g
A
・酒 大さじ2
・砂糖、濃口しょうゆ、みりん 各大さじ1
・しょうが(すりおろす) 小さじ1(6g)

1 鍋にAを入れて火にかけ、沸騰したらまぐろを入れる。時々アクをすくいながら、煮汁が半分になるまで煮て火を止め、冷ます。
2 器に盛り、煮汁を適量かける。

54
はまぐりと山菜の小鍋仕立て

55
小松菜の生ふりかけご飯

56
鯛丼

54
はまぐりと山菜の小鍋仕立て

はまぐりは時間をかけて旨みを引き出して。沸騰して煮過ぎると身がかたくなるので注意を。

〈材料〉2人分
・はまぐり（砂出し済みのもの）大きめ4個
・菜の花（3等分に切る）2本
・ゆり根 6枚ほど
・山菜（うるいやうどなどお好みのもの）適量
・木の芽 適量
・塩 適量
・酒 大さじ1
・昆布 5cm角（3g）

1 はまぐりは貝同士をこすり合わせて洗う。うるいは長さ3cmに切り、うどは皮をむいて薄切りにし、水にさらす。ゆり根は熱湯で4分ほどゆでる。
2 鍋に水400mℓ・酒・昆布・はまぐりを入れて弱火にかけ、途中、こまめにアクを引く。
3 はまぐりの口が開いたら、菜の花・ゆり根・うるい・うどを加えてサッと火を通し、塩で味をととのえて火を止め、木の芽を添える。

55
小松菜の生ふりかけご飯

「え！ 生の小松菜をご飯に？」と驚かれますが、食べると爽やかな青みが口に広がり、さっぱりとしていくらでも食べ進みます。冷蔵庫で3日保存可。

〈材料〉作りやすい分量
・小松菜 1／2束（150g）
・ご飯 茶碗2杯分（300g）
・塩 小さじ1／2
・一味とうがらし 適量
・オリーブ油 大さじ1

1 小松菜は細かく刻んでボウルに入れ、塩を振って手で混ぜ、しばらくおく。
2 しんなりしたらよくもみ、水気を絞る。オリーブ油と一味を入れてあえる。
3 ご飯を茶碗によそい、**2**をかける。

56
鯛丼

惜しまれつつ2017年に閉店した日本橋の名店［鯛ふじ］さんの味が忘れられず、及ばずながらも再現してみました。好みで煎茶をかけてお茶漬けとしても。

〈材料〉2人分
・鯛の切り身（刺し身のさく）100g
・九条ねぎ（小口切り）1／2本
・青じそ（千切り）5枚
・ご飯 茶碗2杯分（300g）

A
・たまりじょうゆ（なければ濃口しょうゆ）大さじ1
・酒、黒ねりごま、黒すりごま 各小さじ1

・おろしわさび 適量
・焼きのり 適量
・粉がつお 適量

1 ボウルに**A**を入れてよく混ぜ、鯛の切り身を薄くそぎ切りにして入れ、優しく混ぜる。1分ほどおいてなじませる。
2 ご飯を茶碗によそい、焼きのりをもみながらかけ、**1**の鯛を敷き詰め、粉がつおをまんべんなく振りかけ、そのままなじむまで1分ほどおく。
3 九条ねぎと青じそをのせ、わさびを添える。

四月

卯月《うづき》

さあ、たけのこ月間が今年もやってきましたよ。農家さんからドドッと届いたら、大きめの寸胴鍋でたっぷりゆでること1時間。その間の高揚感ったら…ここまで夢中になれる食材もなかなかないんじゃないかなぁ。まずはわさび醤油をつけてお刺し身でいただきたいですね。独特の香りが鼻に抜けて…、はぁ〜〜これこれ。冷酒をクイッといただくと最高ですね。最近のお気に入りは「白みそ入り麻婆豆腐」（69ページ）。甜麺醤の代わりに白みそで作ったところ、たけのこの歯ごたえと香りが見事に引き立ちました。まさに地産地消の良さを感じるお料理に。そうそう。湯がいたたけのこの皮はそのまま捨てずにあと一品。皮のやわらかい部分を上にしてまな板に置き、包丁の柄を軽く、軽〜く持って、切れ味だけを頼りに端からスッスと動かすように切ります。切れたところだけを吸い地に浮かべれば、立派なおつゆに。姫皮っていう名前もうまくつけたもんではありませんか。

57

アスパラガスの八幡巻き

58

ロールしてないキャベツ

57

アスパラガスの八幡巻き

油揚げはつまようじで留められるよう少し余裕を持って切るといいでしょう。油を引かずに焼くことで、カリッと仕上がりますよ。

〈材料〉2人分
・アスパラガス（太めのもの）2本
・油揚げ 100g
A ・濃口しょうゆ、みりん 各大さじ1
・粉山椒 適量

1 アスパラガスは根元のかたいところを切り落とし、半分の長さに切り、熱湯で軽くゆでて冷ます。

2 油揚げは短辺1カ所を残して縦に割いて倍の長さに開く。**1**を2本端において巻き、少し余裕を持って切り、閉じ口につまようじを刺して留める。残りも同様に巻く。

3 フライパンに**2**を置いて火にかけ、全面をカリッと焼き、**A**を注いで煮絡める。

4 つまようじを外して食べやすい大きさに切り分け、皿に盛り、粉山椒を振る。

58

ロールしてないキャベツ

ロールキャベツのようにまとめる手間をかけずお鍋にポンと入れるだけ。キャベツはクタクタな方がおいしいので、煮ている間につくねを作って。

〈材料〉作りやすい分量
・キャベツ 1／2個（600g）
・鶏むねひき肉 300g
・九条ねぎ（小口切り）1本
・卵 1個
・しょうが（みじん切り）1かけ
A ・だし 1ℓ
・薄口しょうゆ、酒 各大さじ1
・黒こしょう 適量

1 キャベツの葉は一口大に切り、かたい部分はみじん切りにする。

2 鍋に**A**を入れて火にかけ、温まったらキャベツの葉を入れてクタクタになるまで煮る。

3 煮ている間につくねを作る。ボウルに鶏肉と塩ひとつまみ（分量外）を入れて粘りが出るまでよく練り、キャベツのみじん切り・九条ねぎ・卵・しょうが・黒こしょうを加えてよく混ぜ、一口大に丸めて**2**に入れ、火を通す。

4 皿に盛り、煮汁を張る。

59

たけのこ入り白みそ麻婆豆腐

60

たけのことふきの土佐煮

61 たけのこの木の芽あえ

62 たけのことはまぐりの花蒸し

63 たけのこ・セロリ・豚肉の黒酢炒め

64 ふきのとうつくねの煮物

59

たけのこ入り 白みそ麻婆豆腐

スープを使わず水で煮る麻婆豆腐です。豆腐は水切りしなくて大丈夫です。お肉はぜひミンチではなくこま切れから作ってください。豆板醤は辛さによって加減してお使いください。

〈材料〉作りやすい分量
・牛こま切れ肉 100g
・豚こま切れ肉 100g
・たけのこ水煮(さいの目切り) 170g
・白ねぎ(みじん切り) 1本
・絹ごし豆腐(1.5㎝角に切る) 200g
A
・にんにく(みじん切り) 1片
・しょうが(みじん切り) 1かけ
・豆板醤 大さじ2
B
・濃口しょうゆ 大さじ2
・白みそ、紹興酒 各大さじ1
・花椒《ホワジャオ》(粉) 小さじ1
・片栗粉 適量(同量の水で溶く)
・ごま油 大さじ4

1 牛肉・豚肉を一緒に包丁でこまかく叩く。
2 フライパンにごま油を熱し、Aを炒める。香りが立ってきたら1を炒め、半分ほど火が通ったらBを加えてしっかり火を通す。
3 水300㎖を入れて軽く煮てアクを引き、たけのこ・白ねぎ・豆腐を加えてざっくりと混ぜ、味を見て片栗粉でとろみをつけ、花椒を振る。

60

たけのことふきの土佐煮

かつお節を後からまぶすのでだしいらず。甘辛くないさっぱりとした土佐煮なので、噛むたびに広がるたけのことふきの香りに春を感じられるでしょう。

〈材料〉2人分
・たけのこ水煮 120g
・ふき 1本
・木の芽 適量
・薄口しょうゆ、みりん 各大さじ1
・粗塩 小さじ1
・かつお節 5g

1 たけのこは食べやすい大きさに切る。ふきは塩で板ずりをし、たっぷりの熱湯で2分ほどゆで、水にさらして薄皮をむき、長さ3㎝に切る。
2 鍋に1・水150㎖・薄口しょうゆ・みりん・かつお節を入れて火にかけ、沸騰したら火を弱めて5分ほど煮る。
3 器に盛り、お好みでかつお節適量(分量外)をかけ、木の芽を添える。

61

たけのこの木の芽あえ

たけのこの分量が足りない時は、いかのお刺し身や湯引きを同じ大きさに切って加えてあげると、また趣向の違った木の芽あえが楽しめますよ。

〈材料〉2人分
・たけのこ水煮(1.5㎝の角切り) 100g
・木の芽 10枚
A
・だし 200㎖
・薄口しょうゆ、酒 各小さじ1
・塩 ひとつまみ
B
・白みそ 50g
・みりん 小さじ1
・薄口しょうゆ 小さじ1/2

1 たけのことAを鍋に入れて火にかけ、ひと煮立ちしたら火を止め、そのまま冷ます。
2 木の芽8枚を包丁でたたき、すり鉢に入れてすり、Bを入れてさらにすり合わせ、なじんだら1の汁気を切って入れ、ゴムべらでよく混ぜる。
3 器に盛り、残りの木の芽を飾る。

62

たけのことはまぐりの花蒸し

中が見えるふたをし、はまぐりの口が開いたらすぐに引き上げると身が縮まずやわらかに仕上がります。花山椒は濃い緑色になったら火が通った証拠。

〈材料〉2人分
・たけのこ水煮(一口大に切る) 100g
・はまぐり(砂出し済みのもの) 4個
・花山椒 8g
A ・だし 200mℓ
　・酒 大さじ2
・薄口しょうゆ 小さじ1／3

1 たけのこ・はまぐり・Aを鍋に入れてふたをし、火にかける。
2 沸騰したら火を弱め、はまぐりの口が開いたものから都度器に盛る。
3 薄口しょうゆを入れ、花山椒を加えて再度ふたをし、花山椒に火が通ったら汁ごと器に盛る。

63

たけのこ・セロリ・豚肉の黒酢炒め

すべて同じ大きさに切ると、見た目も美しく仕上がります。豚肉は火を通しすぎるとかたくなるので、表面が白っぽくなったらすぐに野菜を入れて炒めて。

〈材料〉作りやすい分量
・たけのこ水煮 100g
・セロリ(葉を除く) 1本
・豚ひれ肉 150g
・にんにく(薄切り) 1／2片
A ・濃口しょうゆ、砂糖、
　紹興酒、黒酢 各大さじ1
・塩 小さじ1／2
・紹興酒 小さじ1
・片栗粉 小さじ1
・赤とうがらし 1／2本
・ごま油 大さじ1

1 たけのこ・セロリ・豚肉は1.5cm角に切る。
2 豚肉に塩・紹興酒を振り、片栗粉をなじませる。
3 フライパンににんにく・赤とうがらし・ごま油を入れて火にかけ、香りが立ってきたら2を入れて炒める。
4 表面が焼けたら、たけのこ・セロリを加えて炒め、軽く焼き目がついたらAを注いで手早く煮絡める。

64

ふきのとうつくねの煮物

ふきのとうは色が変わりやすいので切ったらすぐひき肉と混ぜて煮てください。オリーブ油で焼いてポン酢で食べても美味ですよ。

〈材料〉4人分
・鶏むねひき肉 400g
・ふきのとう(ざく切り) 7個
・九条ねぎ 1本
・溶き卵 1個分
A ・だし 800mℓ
　・薄口しょうゆ、酒 各大さじ1
・塩 小さじ1／2

1 九条ねぎは半分は小口切り、残りは斜めに薄切りする。
2 ボウルに鶏肉・溶き卵・塩を入れて粘りが出るまで手で混ぜ、ふきのとう・九条ねぎの小口切りを加えてさらに混ぜる。
3 鍋にAを入れて火にかけ、温まったら2をピンポン球くらいの大きさに丸めて入れ、中まで火を通す。
4 器に盛り、九条ねぎの薄切りを添える。

65

そら豆とゆり根のしょうがあんかけ

66

じゃがいもとベーコンのカリカリロースト

65
そら豆とゆり根のしょうがあんかけ

そら豆の青さとゆり根の甘さを楽しみたいので、薄口しょうゆは香りづけ程度で。崩れやすいので火加減に注意。あんを作る際は具が崩れないよう優しく混ぜて。

〈材料〉2人分
・そら豆 10粒
・ゆり根 10片
・しょうが(絞り汁) 小さじ2(10g)
A
・だし 200mℓ
・みりん 小さじ1
・塩 小さじ1/3
・薄口しょうゆ 適量
・片栗粉 適量(同量の水で溶く)

1 そら豆はお歯黒に包丁で切り込みを入れ、薄皮をむく。
2 鍋にゆり根・1・Aを入れて火にかけ、沸騰したら弱火にして4分ほど煮る。
3 やわらかくなったらしょうがの絞り汁を加え、片栗粉でしっかりとろみをつける。

66
じゃがいもとベーコンのカリカリロースト

ベーコンの脂でじゃがいもがカリカリしたり、ホクホクしたりと楽しい食感です。じゃがいもは水にさらさず、千切りにしたらすぐに焼いてください。

〈材料〉作りやすい分量
・じゃがいも 大1個(220g)
・ベーコン 50g
・パセリ 適量
・にんにく 1片
・黒こしょう 適量

1 じゃがいもとベーコンは千切りに、にんにくは薄切り、パセリは葉のみをみじん切りにする。
2 ボウルに1と黒こしょうを入れてよくあえ、オーブン用シートの上に薄く広げ、200度のオーブンで火が通るまで15分ほど焼く。

67 新玉ねぎといわしのオイル漬け

68 じゃがいものナムル

69 のびるやっこ

70 稚鮎の鞍馬煮

67

新玉ねぎといわしのオイル漬け

真いわしは頭と内臓を取った下処理済みのものを買ってきて、圧力鍋を使えばとてもお手軽。オリーブ油は安価なもので十分。油に浸けた状態で冷蔵庫で1週間保存可。パンに挟んでもおいしいです！

〈材料〉作りやすい分量
・真いわし 8尾（正味320g）
・新玉ねぎ（薄切り）1／2玉（100g）
・しょうが（すりおろす、皮も使う）1かけ
A
・酒 200mℓ
・オリーブ油 100mℓ
・塩 小さじ1／2
・黒こしょう 適量

1 真いわしは頭と内臓を取って洗い、塩をまぶして1時間ほどおき、水気をペーパータオルで拭き取る。新玉ねぎは水にさらして辛みが抜けたらざるに上げて水気を切る。
2 圧力鍋に水200mℓとAを注ぎ、しょうがの皮を入れて火にかけ、いわしを並べて火にかけ、圧がかかったら弱火にして15分ほど加熱し、火を止める。
3 ピストンが落ちたらふたを開けて水気を切り、いわしを密閉容器に並べてかぶる程度のオリーブ油（分量外）を注ぐ。
4 油を軽く切って器に盛り、黒こしょうを振り、新玉ねぎをのせ、しょうがを添える。

68

じゃがいものナムル

じゃがいもをできるだけ細かく千切りにし、たっぷりの熱湯で湯通しすること、すぐに冷やすことを守れば、シャキシャキのナムルの完成です！

〈材料〉2人分
・じゃがいも（男爵）大1個（220g）
A
・だし 大さじ1
・塩 小さじ1／4
・いりごま 適量
・ごま油 大さじ1／2

1 じゃがいもはできるだけ細かい千切りにする。
2 たっぷりの熱湯に1を入れて箸で混ぜ、すぐにざるに上げ、水にさらして冷ます。
3 ボウルにAを入れ、水気をきっちりと切った2を加えてよくあえる。

69

のびるやっこ

豆腐はのびるのおいしさをシンプルに味わうのにもってこいの食材です。豆腐を崩してのびると混ぜると白あえになります。

〈材料〉2人分
・豆腐（冷ややっこ用）100g
・のびる 8本
・濃口しょうゆ 大さじ1

1 のびるは根を落とし、茎が肥大した部分と葉に分けて、葉は長さ3cmに切る。ポリ袋に濃口しょうゆとともに入れて口を閉じてなじませ、24時間冷蔵庫で保存する。
2 豆腐を2等分に切り、1を汁ごとかける。

70

稚鮎の鞍馬煮

鮎が重ならない大きさの鍋を使うことがポイントです。冷めたら清潔な密閉容器に入れて冷蔵庫へ入れれば5日ほど日持ちします。冷凍保存も可。

〈材料〉作りやすい分量
・稚鮎 20匹
・実山椒（水煮）大さじ2〜3
A
・酒 200mℓ
・濃口しょうゆ、みりん 各40mℓ
・砂糖 大さじ1

1 稚鮎は水洗いをして水気をきっちりと切る。
2 鍋にAと実山椒を入れて火にかけ、沸騰したら1を並べ、中火に近い弱火で20分ほど煮る。途中で煮汁を回しかける。
3 煮汁がある程度煮詰まってきたら弱火にし、とろみがつくまで様子を見ながらさらに煮詰め、火を止めて冷ます。

71

絹さやとほたるいかの炒め物

72
かぶと塩豚の煮物

73
せりと赤貝のピビム麺

74
たけのことうすいえんどうのご飯

75
玉ねぎと豚のしょうが焼きご飯

71

絹さやとほたるいかの炒め物

絹さやはサクサクとした歯ごたえと香りが命です。手早く炒めてすぐにお皿へ。ほたるいかの旨みが絡まりご飯もお酒も進むことでしょう。

〈材料〉2人分

・絹さや 20枚
・ほたるいか(ボイル、下処理済みのもの) 8匹
・にんにく(薄切り) 1片
A ・濃口しょうゆ、紹興酒 各小さじ1
・赤とうがらし 1／2本
・ごま油 大さじ1

1 絹さやは冷水にさらしてパリッとさせ、筋を取ってきっちり水気を切る。

2 フライパンににんにく・ごま油・赤とうがらしを入れて弱火にかけ、にんにくが香り立ちシュワシュワとしてきたらほたるいかを炒める。

3 軽く炒まったら絹さやを入れ、強火で20秒ほど炒めて**A**をまわしかけて絡め、すぐに皿に盛る。

72

かぶと塩豚の煮物

だしいらずで、即席の塩豚の旨みとかぶの香りを堪能できる一品。香りを生かすため長々と煮ず、かぶに軽く火が通ったら手早く器に盛りつけて。

〈材料〉作りやすい分量

・かぶ 5個(400g)
・豚ロースこま切れ肉 100g
・しょうが(絞り汁) 小さじ1(5g)
・塩 小さじ1／2
・酒 大さじ1
・黒こしょう 適量

1 豚肉に塩をまぶしてもみ、なじませておく。かぶは葉を1cmほど残して切り、くし切りにして皮をむく。葉は3cmの長さに切る。

2 鍋にかぶる程度の水と酒を入れて火にかけ、温まったら豚肉とかぶを入れ、アクを引きながら5分ほど煮る。

3 かぶの葉を適量加え、軽く火が通ったらしょうがの絞り汁を混ぜ、器に盛り、黒こしょうを振る。

73

せりと赤貝のピビム麺

せりはぜひ根っこごと入れて。ニラに代えてもおいしいですよ。とうがらしは韓国産の甘みのあるものを使いました。お好みで分量を加減してください。

〈材料〉2人分

・赤貝(刺し身) 6枚
・せり(長さ3cmに切る) 3本(50g)
・九条ねぎ(小口切り) 1本
・そうめん 2束

A
・にんにく(すりおろす) 1片
・濃口しょうゆ、みりん、ごま油 各大さじ1
・いりごま 大さじ1
・粉とうがらし 小さじ1

1 赤貝は棒状に切り、熱湯でサッとゆでてざるに上げる。

2 ボウルに**1**・せり・九条ねぎ・**A**を入れてよく混ぜ、たれを作る。

3 そうめんを表示通りゆでて冷水でよく洗い、ギュッと絞って皿に盛り、**2**をたっぷりとかける。

74

たけのことうすいえんどうのご飯

炊飯器に入れて炊くだけで、春の香りを楽しめるご飯のできあがりです。おにぎりにして行楽に持っていかれてはいかがでしょうか。

〈材料〉作りやすい分量
・たけのこ水煮(薄切り)100g
・うすいえんどう(さやから外す)1／2カップ
・白米(洗ってざるに上げ、30分置く)2合
・木の芽 適量
・だし 適量(380㎖)
・薄口しょうゆ、酒 各大さじ2

1 炊飯器に白米・薄口しょうゆ・酒を入れ、だし適量を目盛りのところまで注ぎ、たけのことうすいえんどうを加え、炊く。
2 茶碗によそい、木の芽を飾る。

75

玉ねぎと豚のしょうが焼きご飯

豚肉よりもはや玉ねぎが主役。ヘルシーなのに食べごたえのあるご飯です。

〈材料〉4人分
・豚ロース肉こま切れ 100g
・玉ねぎ 1個(200g)
・ご飯 茶碗4〜5杯分(600〜750g)
A
・濃口しょうゆ、みりん、酒 各大さじ2
・しょうがの絞り汁 大さじ1(15g)
・ごま油 大さじ1

1 玉ねぎは4等分のくし切りにし、繊維に直角に幅8㎜に切る。
2 フライパンにごま油を熱し、玉ねぎを炒める。油が回ったら豚肉を入れて炒め、半分ほど火が通ったら混ぜ合わせたAを回しかけて手早く絡める。豚肉に火が通ってたれが軽く煮詰まったら火を止める。
3 ご飯を茶碗によそい、2をたっぷりとのせ、たれを適量かける。

五月

皐月《さつき》

アスパラガスの青い甘さ、スナップエンドウのプチッと弾ける歯当たり、実山椒のひりりとした清涼感、青のりの磯の香り…。もしも新緑をお料理できるとしたらきっとこんな味になるんじゃないかしら。なんて、風景を見てもすぐにお料理を妄想してしまうってどれだけ食いしん坊なんだろうと我ながらあきれてしまいます。それほどこの時期のお野菜は青々しい新緑を彷彿とさせるのです。実山椒はいつも箱買いし、テレビを観ながら、ラジオを聴きながら寝る間も惜しんでお掃除に明け暮れます。サッとゆでてひき肉に混ぜ込みオリーブ油で焼く「実山椒ハンバーグ」（82ページ）は私の得意料理というより手抜き料理の代表です。なにせ混ぜて焼くだけなのに、必ず「これどうやって作るの!?」と聞かれるのですから。嬉しくてすぐに種明かしをしてしまいます。翌日、「さっそくおうちで作ったよ〜」と連絡が入ると、悦に入ってしまう私です。

76

実山椒ハンバーグ

77

新にんにくたっぷりの豆腐ステーキ

76
実山椒ハンバーグ

ギュッとまとめ、ひっくり返す時以外は絶対に触らないようにすると上手く焼き固まります。表面はカリッと中はレアに。お好みでしょうゆをたらしても。

〈材料〉2人分
・牛こま切れ肉 200g
・ラディッシュのすりおろし 2個分
・実山椒(水煮) 大さじ2
・ディジョンマスタード 適量
・塩 小さじ1／3
・オリーブ油 大さじ1

1 ボウルに牛肉・実山椒・塩を入れて手でよく混ぜ、4等分に分け、小判形にギュッとまとめる。

2 フライパンにオリーブ油を熱し、**1**をおき、両面をこんがりと焼く。

3 皿に盛り、ディジョンマスタードまたはラディッシュのすりおろしを添える。

77
新にんにくたっぷりの豆腐ステーキ

ここでは食塩不使用バターを使いましたが、有塩バターを使う場合はしょうゆの量を加減してください。

〈材料〉2人分
・木綿豆腐 200g
・新にんにく(薄切り) 1片
・バター 大さじ2弱(20g)
・濃口しょうゆ 大さじ1

1 豆腐は一口大に切り、ペーパータオルなどで水気を取る。

2 フライパンにバターとにんにくを入れて火にかけ、軽く炒める。にんにくの香りが立ってきたら木綿豆腐を置いてこんがりと焼く。途中、にんにくはカリッとしたら取り出す。

3 濃口しょうゆを入れ、豆腐に絡めて皿に盛り、フライパンに残った汁をかけ、にんにくを添える。

78
ちくわの磯辺揚げ

79
れんこんと手羽中の山椒煮

80
肉じゃが

78 ちくわの磯辺揚げ

ちくわが細ければ2本ほどお使いください。揚げたての鼻に抜ける磯の香りを感じて。冷めてもおいしいのでお弁当のおかずにぴったりです。

〈材料〉作りやすい分量
・ちくわ 1本
・生のり 大さじ2
・小麦粉 大さじ2
・揚げ油 適量

1 ちくわは食べやすい太さに輪切りにする。
2 ボウルに生のり・小麦粉・水大さじ3を入れてざっくりと混ぜ、1の表面につける。180度の油でカラリと揚げる。

79 れんこんと手羽中の山椒煮

生の実山椒を使いましたが、水煮でも代用できます。その場合は薄口しょうゆを加減してください。

〈材料〉作りやすい分量
・手羽中 5本
・れんこん 100g
・実山椒(生) ひとつかみ
A ┌・だし 400㎖
　└・薄口しょうゆ、みりん 各大さじ1
・濃口しょうゆ 大さじ1／2
・サラダ油 大さじ1

1 鍋にサラダ油を入れて火にかけ、手羽中を置き皮がこんがりとするまで焼く。
2 れんこんと実山椒を入れ、Aを注いで15分ほど煮る。
3 仕上げに濃口しょうゆを入れ、2～3分ほど煮て火を止め、器に盛り、煮汁を張る。

80 肉じゃが

わが家の肉じゃがはとてもあっさり。かつおだしは使わず、干ししいたけと昆布を入れるだけ。じゃがいもはホロッと少し崩れるくらいが、煮汁と絡んでおいしいです。お好きな品種でお試しください。

〈材料〉2人分
・牛こま切れ肉 100g
・じゃがいも 2個(260g)
・玉ねぎ 1個(200g)
・スナップえんどう 5本ほど
・糸こんにゃく 200g
A ┌・砂糖 大さじ1強
　└・薄口しょうゆ、濃口しょうゆ 各小さじ2
・昆布 10㎝×10㎝(15g)
・干ししいたけ 1個
・太白ごま油 大さじ1

1 じゃがいもは一口大に切る。玉ねぎは8等分のくし切りにする。牛肉は湯通しする。こんにゃくは熱湯でゆでて、適当な長さに切る。スナップえんどうは筋を取り、ゆでて半分に切る。
2 鍋にごま油を引き、じゃがいもと玉ねぎを炒める。透き通ってきたら、牛肉と糸こんにゃくを入れてざっくりと混ぜ、水400㎖とAを入れ、干ししいたけと昆布を加えて落としぶたをし、火が通るまで10分ほど煮る。
3 鍋を軽くゆするように混ぜ、煮汁がとろりとしたら火を止め、器に盛り、スナップえんどうを飾る。

81

アスパラガスの粉チーズ焼き

82

スナップえんどうのケイパーソースがけ

83

オクラと小巻湯葉のごまがけ

81

アスパラガスの粉チーズ焼き

閉じ口を焼き固めるためにはじめは触らず、ゆっくり時間をかけて中まで火を通して。豚肉はこま切れやしゃぶしゃぶ用でも。

〈材料〉2人分
・豚ロース薄切り肉 150g(6枚ほど)
・グリーンアスパラガス(太めのもの) 2本(90g)
・レモン 1/8個
・粉チーズ 大さじ2
・ディジョンマスタード 適量
・黒こしょう 適量
・オリーブ油 小さじ2

1 アスパラガスの根元から5cmまでの部分の皮をピーラーでむき、3等分に切る。
2 豚肉の両面に粉チーズをまぶしつけ、手前の端に1を一つ置いて隙間なくきっちりと巻く。
3 フライパンにオリーブ油を熱し、2の閉じ口を下にしてじっくり焼く。焼き色がついたら転がし、全面をまんべんなく焼きながら中まで火を通す。
4 皿に盛って黒こしょうを振り、ディジョンマスタードとレモンを添える。

82

スナップえんどうのケイパーソースがけ

スナップえんどうはゆでたら水にさらさずそのままお皿へ。甘みや歯ごたえをしっかり残し、あつあつのうちにケイパーソースをかけます。

〈材料〉2人分
・スナップえんどう 15個ほど
・にんにく(包丁でつぶす) 1/2片
A
・ケイパー(ざく切り) 大さじ2
・酒盗 小さじ1
・赤とうがらし 1/2本
・オリーブ油 大さじ2

1 スナップえんどうは筋を取り、熱湯で好みのかたさにゆで、皿に盛る。
2 にんにく・赤とうがらし・オリーブ油をフライパンに入れて火にかける。
3 香りが立ってきたらAを入れ、ケイパーの香りがしたら1に油ごとまわしかける。

83

オクラと小巻湯葉のごまがけ

青ゆずの皮は刻んでも良いですし、おろし金で青い部分だけすりおろし、4〜5本を束ねた竹串でサッと払ってふりかけてもいいでしょう。

〈材料〉2人分
・オクラ 4本
・小巻湯葉(生湯葉) 70g
・青ゆずの皮 適量
A
・ねりごま 120g
・薄口しょうゆ、みりん 各小さじ2
・だし 大さじ5(加減を見て追加)
・塩 小さじ1/3

1 オクラは板ずりをし、たっぷりの熱湯で好みのかたさにゆで、ざるに上げる。湯葉は食べやすい大きさに切る。
2 ボウルにAを入れてよく混ぜ、だしを少しずつ注いでなめらかになるまでさらに混ぜる。
3 器に1を盛り、2をたっぷりとかけ、青ゆずの皮を飾る。

84

すずきのケイパーフライ

85

黄ニラと豚ロースの炒め物

84
すずきのケイパーフライ

すずきのほか、鱈などの白身魚でもお試しください。残った卵黄は「中華たまご」（P58）のたれに生のまま漬けても。

〈材料〉2人分
・すずきの切り身 2切れ（150ｇ）
・卵白 1個分
・粉チーズ 大さじ1
・ケイパー 小さじ2
・塩 ひとつまみ
・黒こしょう 適量
・小麦粉 小さじ2
・揚げ油 適量

1 すずきは一口大に切って塩を軽く振って10分ほどおく。ケイパーは細かく刻む。
2 ボウルに**1**と小麦粉小さじ1を入れて混ぜ、全体に絡まったら卵白を加えてよく混ぜる。小麦粉の残りと粉チーズを加えてなめらかになるまで混ぜる。ゆるければ小麦粉を適量（分量外）追加する。
3 180℃の油でカラリとするまで揚げたらバットに上げ、皿に盛り、黒こしょうを振る。

85
黄ニラと豚ロースの炒め物

黄ニラは香りがマイルドで甘みがあります。繊維もやわらかいので食べやすいですが、なければ普通のニラで。ご飯が進むおかずですよ。

〈材料〉2人分
・豚ロース薄切り（千切り）100ｇ
・黄ニラ（長さ3㎝に切る）1束（100ｇ）
A ・薄口しょうゆ、紹興酒 各小さじ1
・一味とうがらし 適量
・ごま油 小さじ2

1 フライパンにごま油を熱し、豚肉を炒める。軽く火が通ったら、黄ニラを炒め、全体に火を通し、**A**をまわしかけて手早く絡めて火を止める。
2 器に盛り、好みで一味を振る。

86

実山椒と新にんにくと鶏のから揚げ

87

白みそ回鍋肉《ホイコーロー》

86 実山椒と新にんにくと鶏のから揚げ

四川料理の辣子鶏《ラーズージー》のとうがらしを山椒に変えてみました。枝つきが出回るこの時季だからこそのおいしさ。カリッと揚がった実山椒はおつまみになる香ばしさです。

〈材料〉2人分
・鶏むね肉(角切り)200g
・実山椒(生、枝付きのもの)10g
・新にんにく(株から外す)1株
・木の芽(あれば)適量
A ・濃口しょうゆ、紹興酒 各小さじ2
・片栗粉 適量
・サラダ油 100mℓ

1 ポリ袋に鶏肉とAを入れて外からよくもみ、片栗粉をまぶす。

2 フライパンにサラダ油・新にんにく・実山椒を入れて火にかける。シュワシュワと音がしてきたら1を入れ、転がしながら揚げるように炒める。途中、実山椒がカリッとしたらバットに上げる。

3 鶏肉と新にんにくに火が通ったらバットに上げる。実山椒・鶏肉・新にんにくを皿に盛り、木の芽を飾る。

87 白みそ回鍋肉《ホイコーロー》

甜麺醤《テンメンジャン》がなかったので白みそで代用。ところがこれがコクがあっておいしかったのです！ ほのかな甘さが優しい味わいでご飯にぴったりのおかずです。

〈材料〉2人分
・豚ロースこま切れ肉 100g
・キャベツ(一口大に切る)1/4個(300g)
・にんにく(薄切り)1片
・しょうが(みじん切り)1かけ
A ・白みそ、酒 各大さじ2
・オイスターソース、濃口しょうゆ 各小さじ1
・豆板醤 小さじ1
・黒こしょう 適量
・ごま油 大さじ1

1 フライパンにごま油を熱し、豆板醤を炒める。油がなじんだらにんにくとしょうがを加えて炒め、香りが立ったら豚肉を入れて炒める。

2 豚肉に火が通ったら強火にし、キャベツを炒める。半分ほど火が通ったらAを加えて手早く混ぜ、黒こしょうを振る。

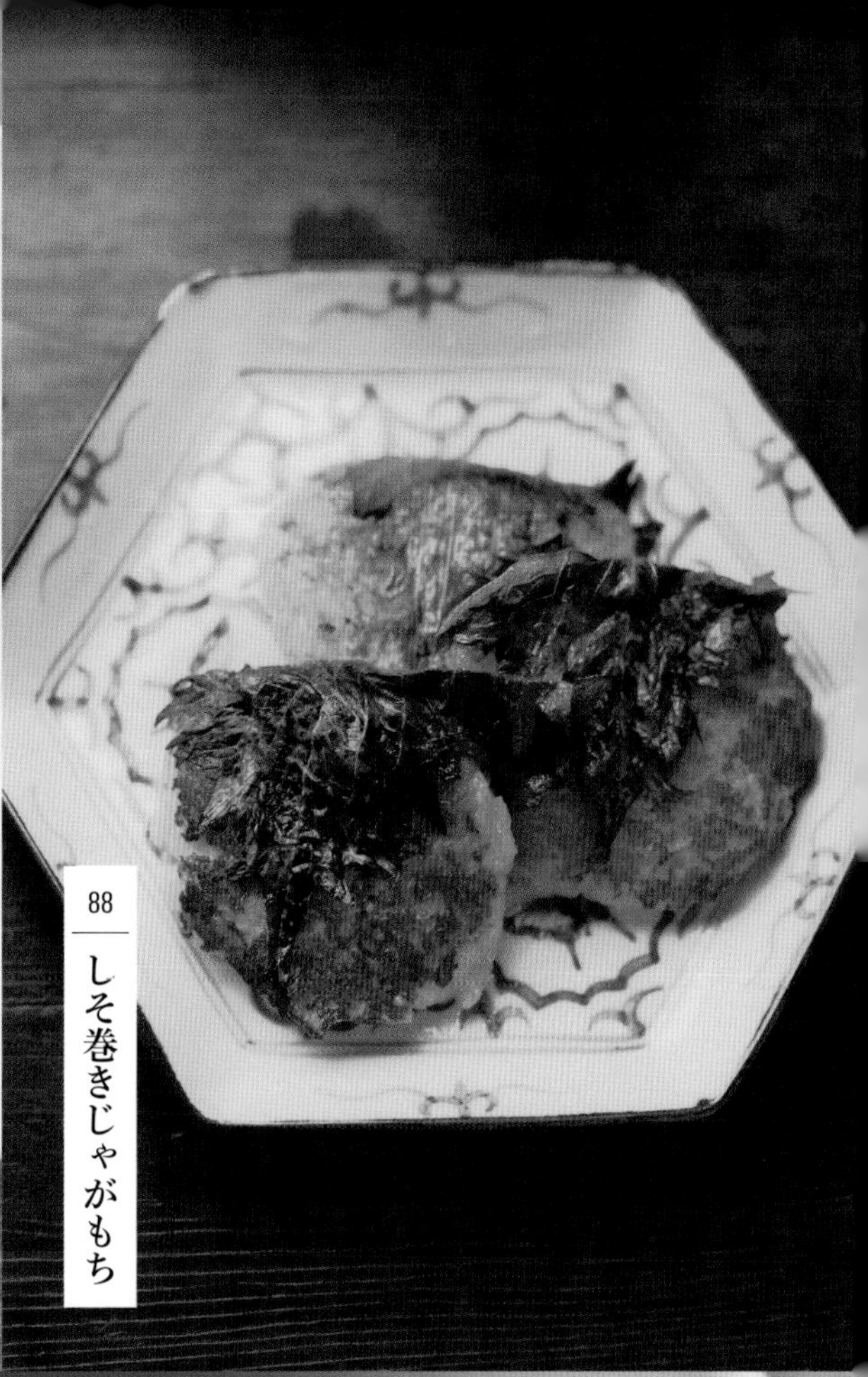

88
しそ巻きじゃがもち

89
万願寺とうがらしと牛肉の焼き飯

90
しじみとディルのスープ

88 しそ巻きじゃがもち

こんがりモチモチとしたじゃがもちは、青じその香りとよく合います。冷めてもおいしいのでお茶請けにも喜ばれます。

〈材料〉作りやすい分量
・じゃがいも 大1個(230g)
・青じそ 5枚
・シュレッドチーズ 大さじ1
・オリーブ油 大さじ1

1 じゃがいもはすりおろし、軽く水気を切る。ボウルに入れ、シュレッドチーズを加えて混ぜる。
2 フライパンにオリーブ油を熱し、5等分した1を広げておく。両面をこんがりと焼いたら青じそで包み、フライパンに戻す。青じそがしんなりするまで両面をサッと加熱する。

89 万願寺とうがらしと牛肉の焼き飯

万願寺とうがらしのほろ苦さと牛肉の脂がよく合うんです。ごま油で炒めましたが、もし牛脂が手に入れば、ぜひそれで。さらにおいしさ倍増!

〈材料〉2人分
・牛こま切れ肉 100g
・万願寺とうがらし 3本
・冷やご飯 茶碗2杯分(300g)
・だし 大さじ1
・塩 ひとつまみ
・濃口しょうゆ 小さじ1
・黒こしょう 適量
・ごま油 小さじ1

1 万願寺とうがらしは種が気になるようであればザッと取って斜めに幅1.5cmに切る。牛肉は大きければ食べやすい大きさに切る。
2 フライパンにごま油を熱し、牛肉を炒める。半分ほど火が通ったら、万願寺とうがらし入れて炒める。
3 万願寺とうがらしに油が回ったらご飯を入れて手早く炒める。だしを加えてよくほぐし、濃口しょうゆ・塩・黒こしょうを加えてよく混ぜる。

90 しじみとディルのスープ

ディルは細かく刻めば香りが強く。冷やしたものも暑い日にはさっぱり。二日酔いにもてきめんです。

〈材料〉2人分
・しじみ(砂出し済みのもの) 200g
・ディル(茎ごとざく切り) 1枝
・昆布 10cm×5cm(5g)
・酒 小さじ1
・塩 小さじ1/2

1 鍋に水500mℓ・しじみ・酒・昆布を入れて弱火にかけ、沸騰するまで5分ほどかけて煮る。
2 沸騰直前に昆布を引き上げる。沸騰したらアクをしっかりとすくい、塩で味をととのえる。
3 器に盛り、ディルを飾る。

91
にんにくとトマトのスパゲッティ

92
バジルとヨーグルトのアイス

93
レモンと木の芽のゼリー

91

にんにくとトマトのスパゲッティ

白みそのおかげでトマトの酸味がやわらぎ、コクもプラスされます。余ったソースは冷蔵庫で4日、冷凍庫で2週間保存できますよ。

〈材料〉2人分

・玉ねぎ(みじん切り) 1／4個(50g)
・トマト缶詰(ホール) 1缶
・スパゲッティ 160g
・粉チーズ 適量
・にんにく(薄切り) 2片
・ケイパー 大さじ3
・酒盗(なければアンチョビー) 小さじ1
・白みそ 大さじ2
・赤とうがらし 1／2本
・オリーブ油 大さじ2

1 鍋ににんにく・酒盗・赤とうがらし・オリーブ油を入れて火にかけ、香りが立ってきたら玉ねぎを加えてしんなりするまで炒める。

2 ホールトマトを入れ木べらでつぶすように混ぜ、ケイパーを加える。トロリとするまで煮詰めたら、白みそを入れる。

3 2ℓの熱湯に塩大さじ1強(分量外)を入れ、スパゲッティを表示通りゆでる。

4 フライパンに**2**を適量と**3**を入れて火にかけ、水気が飛んで絡んだら器に盛り粉チーズを振る。

92

バジルとヨーグルトのアイス

バジルの量はお好みで加減してください。

〈材料〉作りやすい分量

・豆乳ヨーグルト(無糖ヨーグルトでも可) 400g
・バジルの葉 4〜5枚
・生クリーム 60mℓ
・はちみつ 60mℓ

1 フードプロセッサーにすべての材料を入れて撹拌し、密閉容器に流し込んで冷凍庫に入れる。

2 容器の縁の方から固まりはじめたらフォークなどで混ぜ、再び冷凍庫で冷やす。これを2〜3回繰り返し、完全に凍らせる。

3 スプーンなどですくい、器に盛る。

93

レモンと木の芽のゼリー

木の芽はかすかに香るくらいが上品。サワークリームはヨーグルトや生クリームでも。

〈材料〉2人分

・レモン 1個
・サワークリーム 50g
・木の芽 10枚
・グラニュー糖 大さじ2
・板ゼラチン(水で戻す) 2.5枚(3.75g)

1 レモンは縦半分に切り、中の果肉をスプーンなどで取り出して器を作る。取り出した果肉を絞り果汁を取っておく。

2 鍋に水200mℓ・木の芽・グラニュー糖を入れて火にかける。沸騰したら火を止めて木の芽を取り出し、板ゼラチンを入れて溶かす。粗熱が取れたらレモン汁大さじ**1**を加えて混ぜ、レモンの皮で作った器に注いで冷蔵庫で冷やす。

3 サワークリームにレモンの絞り汁小さじ1を入れて混ぜ、**2**にのせ、木の芽(分量外)を添える。

六月

水無月《みなつき》

　雨続きの毎日はお天気の神様からの「家にこもってお料理に勤しむがよい」とのお告げだと捉えて、なすを気長に煮たり、レモネードを仕込んだりとゆっくり時間をかけてお料理しています。梅雨の時期から9月末くらいまで継ぎ足し作っているのが105ページのたれ。これはねぇ、ハマりますよ〜。ご家族も「ここは中華屋か！」と称賛してくれるのではないでしょうかね。中華料理屋さんには自家製豆板醤が売ってたりしますよね、あれ、目についたら迷わず買っておくんです。お店によって味はさまざまだから色々試すのも楽しくて。これと数種の調味料やスパイス、薬味をたっぷり加えるだけ。日に日に熟成されておいしくなるからたっぷりと用意しておきます。唐揚げや焼きなすにかけても食欲の増す一品になり助かりますよ。例えば「新しょうがの炊き込みご飯」（109ページ）の新しょうがは、米粒と同じ大きさに切ると炊き上がったときにご飯との馴染みがよくってさりげなく辛みが後から広がり食べやすいんですよね。そんなちょっと面倒なこともこの時季は挑戦してみる。おうちでお店屋さんごっこするのも、なんだか楽しいかも。

94

冬瓜雲《ウン》白《パイ》肉《ロウ》

95

かんぱち青じそ寄せ揚げ

96
新玉ねぎの照り焼き

97
ひじきの煮物

98
きゅうりと大根のごま酢あえ

99
ラディッシュの紅白漬け

101
ズッキーニの冷やしオムレツ

100
ズッキーニのパン粉焼き

94

冬瓜雲白肉《ウンパイロウ》

きゅうりで作るところを、冬瓜で。色合いを生かすために、皮はピーラーで薄くむいて。

〈材料〉2人分
・豚ばら肉(しゃぶしゃぶ用)100g
・冬瓜(ピーラーで皮をむく)100g
・九条ねぎ(小口切り)1本
・にんにく(みじん切り)1片
A ・濃口しょうゆ 大さじ1
 ・砂糖、黒酢 各小さじ1
・豆板醤《トウバンジャン》 大さじ1
・ごま油 大さじ2

1 冬瓜はワタを取って薄切りにし、熱湯で2分ほどゆで、ざるに上げる。同じ鍋に豚肉を入れてゆで、ざるに上げ、それぞれ皿に盛る。

2 フライパンに九条ねぎ・にんにく・豆板醤・ごま油を入れて火にかける。よく炒めて香りが立ってきたらAを入れ、砂糖が溶けたら火を止め、1にかける。

95

かんぱち青じそ寄せ揚げ

お刺し身用のかんぱちを使ってサッと揚げました。加熱用の場合は中までしっかり火を入れて。青じそはクシャッと寄せるぐらいが立体感が出ていいかと。

〈材料〉2人分
・かんぱち(刺し身のさく)150g
・ねぎ 1／2本
・青じそ(よく洗って水気を切る)9～10枚
・しょうが 5g
・みそ 大さじ1
・小麦粉 適量
・揚げ油 適量

1 皮を取ったかんぱち・ねぎ・しょうが・みそをフードプロセッサーに入れ、粘りが出るまで撹拌する。9～10等分にして丸める。

2 青じその表面に小麦粉を薄くはたき、1を中心に置いて巾着状にキュッと寄せる。

3 180℃の油に入れて揚げ、青じそがカリッとしたらバットに引き上げる。

96

新玉ねぎの照り焼き

たれが焦げないよう、ぬれふきんの上に置いて冷めすぎない程度に粗熱を取ってから調味料を注ぎます。

〈材料〉2人分
・新玉ねぎ 1／2個(100g)
A ・濃口しょうゆ、みりん、酒 各大さじ1
・かつお節 適量
・太白ごま油 大さじ1

1 新玉ねぎは繊維に直角に幅2㎝の輪切りにする。ごま油を熱したフライパンに並べてふたをし、両面がこんがりしたら火から外す。

2 ぬれふきんなどにいったん置いて粗熱を取り、Aを注いで火に戻し、好みの濃度に煮詰める。

3 皿に盛り、たれをかけ、かつお節をのせる。

97

ひじきの煮物

ひよこ豆を大豆の水煮にしたり、こんにゃくを加えたりとお好みの具材でお試しください。余ったら炊きたてのご飯に混ぜても。

〈材料〉作りやすい分量
・ひよこ豆の水煮 1カップ
・にんじん(薄さ5㎜の色紙切り)50g
・油揚げ 30g
・乾燥ひじき 20g
・しょうが(みじん切り)1かけ
A ・だし 300㎖
 ・砂糖 大さじ3
 ・濃口しょうゆ 大さじ2
 ・みりん 大さじ1
・ごま油 大さじ1

1 ひじきはたっぷりの水で戻し、汚れを取り除き、ざるに上げて水気を切る。油揚げは縦3等分に切り、端から薄切りにする。

2 鍋にごま油を熱し、にんじんを炒め、軽く火が通ったらひじきとしょうがを入れて炒める。油が回ったらAと油揚げを加え、時々混ぜながら、途中ひよこ豆も加え、10分ほど煮る。

98 きゅうりと大根のごま酢あえ

歯ごたえが心地いい、夏のあえものです。酸味が食欲を増すので少し多めに作って常備菜に。

〈材料〉作りやすい分量
・きゅうり（小口切り）1本（150g）
・大根（いちょう切り）1／4本（200g）
A
・ねりごま 大さじ3
・米酢 大さじ2
・砂糖 大さじ1
・薄口しょうゆ 小さじ2
・だし 大さじ1
・塩 小さじ1／2

1 きゅうりと大根をボウルに入れて塩もみをし、水気を絞る。
2 すり鉢にAを入れてすり、なじんだらだしを注いでなめらかにのばし、1を入れ、よくあえる。

99 ラディッシュの紅白漬け

ラディッシュ自体に辛みがあるので赤とうがらしの量は加減して。あっさりさっぱりとした漬物です。

〈材料〉2人分
・ラディッシュ（赤い根の部分のみ）5個
・すだち（絞り汁）1個分
・だし 適量
・塩 小さじ1／2
・赤とうがらし 1／2本

1 ラディッシュは横に薄切りにし、塩を振ってよく混ぜ、水気が出てきたらもみ、ギュッと絞って水気を切る。
2 ボウルに1と赤とうがらしを入れ、ひたひた程度にだしを注ぎ、すだちを加えてあえる。

100 ズッキーニのパン粉焼き

粉チーズの塩気だけでいただきます。長なす、ピーマンなど火の通りやすいもので代用しても。

〈材料〉2人分
・ズッキーニ（1cm幅の輪切り）1／2本（250g）
・溶き卵 1個分
・レモン（絞り汁）適量
A
・パン粉 1／2カップ
・粉チーズ 大さじ2
・黒こしょう 適量
・オリーブ油 大さじ2

1 ボウルにAを入れてよく混ぜ、溶き卵を絡めたズッキーニを入れて衣をつける。
2 フライパンにオリーブ油を熱し、1を焼く。こんがり焼けたら皿に盛り、レモン汁をかける。

101 ズッキーニの冷やしオムレツ

ズッキーニがぎっしり収まる大きさのフライパンを使って。まな板などをフライパンにかぶせてひっくり返し、すべらせて戻して両面を焼いてください。

〈材料〉作りやすい分量
・ズッキーニ（あれば黄色と緑）2本（500g）
・卵（割りほぐす）3個
・無糖ヨーグルト 大さじ3
・にんにく（すりおろす）1片
・塩 小さじ1／2
・オリーブ油 大さじ6

1 ズッキーニは幅2cmのいちょう切りにし、塩を振って1時間ほど置きしんなりさせる。
2 フライパンにオリーブ油大さじ3とズッキーニを入れ、完全に火が通ってクタッとなるまで気長に炒める。にんにくを加えて炒め、香りが立ったら火を止める。
3 ボウルに卵と無糖ヨーグルトを入れて混ぜ、2を加えてざっくりと混ぜる。
4 フライパンに残りのオリーブ油を熱し、3を流し入れてふたをし、弱火にする。周りがある程度固まってくるまで焼いたらひっくり返して両面を焼き、冷めるまで置いて切り分ける。

102

新玉ねぎのレースサラダ 赤しそドレッシング

103

牛肉ときゅうりの中華あえ

104
夏野菜の揚げ浸し

106
なすのぽってり煮

105
夏野菜のしゃぶしゃぶ 新しょうがのたれ

102

新玉ねぎのレースサラダ 赤しそドレッシング

新玉ねぎはスライサーで向こうが透けるほど薄くスライスすると、ふわっとレースのように仕上がりますよ。太白ごま油がなければサラダ油でも。

〈材料〉2人分
・新玉ねぎ 1個(200g)
A
・赤しそのふりかけ 小さじ1/2
・太白ごま油 小さじ2

1 新玉ねぎはスライサーで薄くスライスし、辛みが抜けるまで水にさらす。ざるに上げてきっちりと水気を切り、皿に盛る。
2 **A**をよく混ぜ合わせ、**1**に回しかける。

103

牛肉ときゅうりの中華あえ

ちょっとピリ辛に仕上げた牛肉がきゅうりと合わさるとさっぱりしていくらでも食べられます。豆板醤は辛みを確認してからお使いください。

〈材料〉作りやすい分量
・牛こま切れ肉 250g
・きゅうり(千切り) 2本(300g)
・新玉ねぎ(粗みじん切り、水にさらす) 1/4玉(50g)
・にんにく(すりおろす) 1片
・しょうが(みじん切り) 小さじ1(4g)
A
・濃口しょうゆ、オイスターソース、紹興酒 各小さじ1
・豆板醤 小さじ1
・牛脂 適量

1 きゅうりは水にさらしてパリッとさせ、ペーパータオルなどに広げてきっちりと水気を切り、皿に盛る。
2 フライパンに牛脂を熱し、にんにく・しょうが・豆板醤を炒める。香りが立ってきたら牛肉を入れ、半分ほど火が通ったら**A**を入れ、ざっくりと混ぜて火を止める。
3 **1**に**2**をのせ、新玉ねぎをかける。

104

夏野菜の揚げ浸し

夏の常備菜としてご活用ください。大根は鬼おろしを使いましたが、普通のおろし金でもOK。いずれの場合でも大根の汁気ごと浸し地に入れてください。

〈材料〉作りやすい分量
・賀茂なす(一口大に切る) 1/2個(150g)
・ししとう(竹串などで穴を数カ所開ける) 4本
・トマト(一口大に切る) 1個(150g)
・大根(すりおろす) 適量
・しょうが(すりおろす) 適量
A
・だし 400㎖
・濃口しょうゆ、みりん 各100㎖
・揚げ油 適量

1 鍋に**A**を入れて火にかけ、沸騰したら火を止めて冷ます。
2 180℃の油で賀茂なすとししとうを揚げ、バットに上げて油をきっちりと切る。熱いうちに**1**に浸す。
3 トマトも**1**に浸し、大根としょうがを加えてしばらく置く。器に浸し地ごと盛る。

105

夏野菜のしゃぶしゃぶ 新しょうがのたれ

野菜だけのしゃぶしゃぶが逆に新鮮です。塩をして出る水分のおかげで片栗粉がピタッとなじむんです。片栗粉は食べた時につけたことが分からないくらい、さりげなくまぶしてください。

〈材料〉作りやすい分量
- なす 3個(240g)
- ズッキーニ(あれば黄色)1本(250g)
- きゅうり 1本(150g)
- 新しょうが 60g
- A
  - 黒酢、濃口しょうゆ 各大さじ4
  - 黒砂糖 大さじ1
  - ごま油 大さじ2
  - ラー油 適量
- 塩 小さじ1/2
- 片栗粉 小さじ2

1 なすは縦半分に切って斜めに薄切りに、ズッキーニは横半分に切って縦に薄切りにし、それぞれボウルに入れて塩を振ってしんなりするまでおく(絞らなくてよい)。

2 きゅうりは横半分に切って縦に薄切りにし、皿に盛る。

3 新しょうがはみじん切りにして熱湯で1分ほどゆでてざるに上げ、**A**と合わせてよく混ぜる。

4 **1**に片栗粉をまぶし、たっぷりの熱湯で1分ほどゆで、冷水にさらして冷やし、水気を切る。

5 **2**の上に**4**を盛り、**3**をかける。

106

なすのぽってり煮

たっぷりのおだしを煮含めてぽってりと仕上げました。油を使わずさっぱりとした煮物です。

〈材料〉2人分
- なす 2個(140g)
- しょうが(絞り汁)大さじ1(15g)
- A
  - だし 400mℓ
  - みりん 大さじ1
- 薄口しょうゆ 大さじ1

1 なすは縦半分に切って皮目に斜めに隠し包丁を入れ、横に3等分に切る。

2 鍋に**A**と**1**を入れて落としぶたをして火にかけ、沸騰したら火を弱めてクタッとなるまで10分ほど煮る。

3 しょうがの絞り汁と薄口しょうゆを入れて5分ほど煮て火を止め、冷ます。

107

賀茂なすの白みそあん

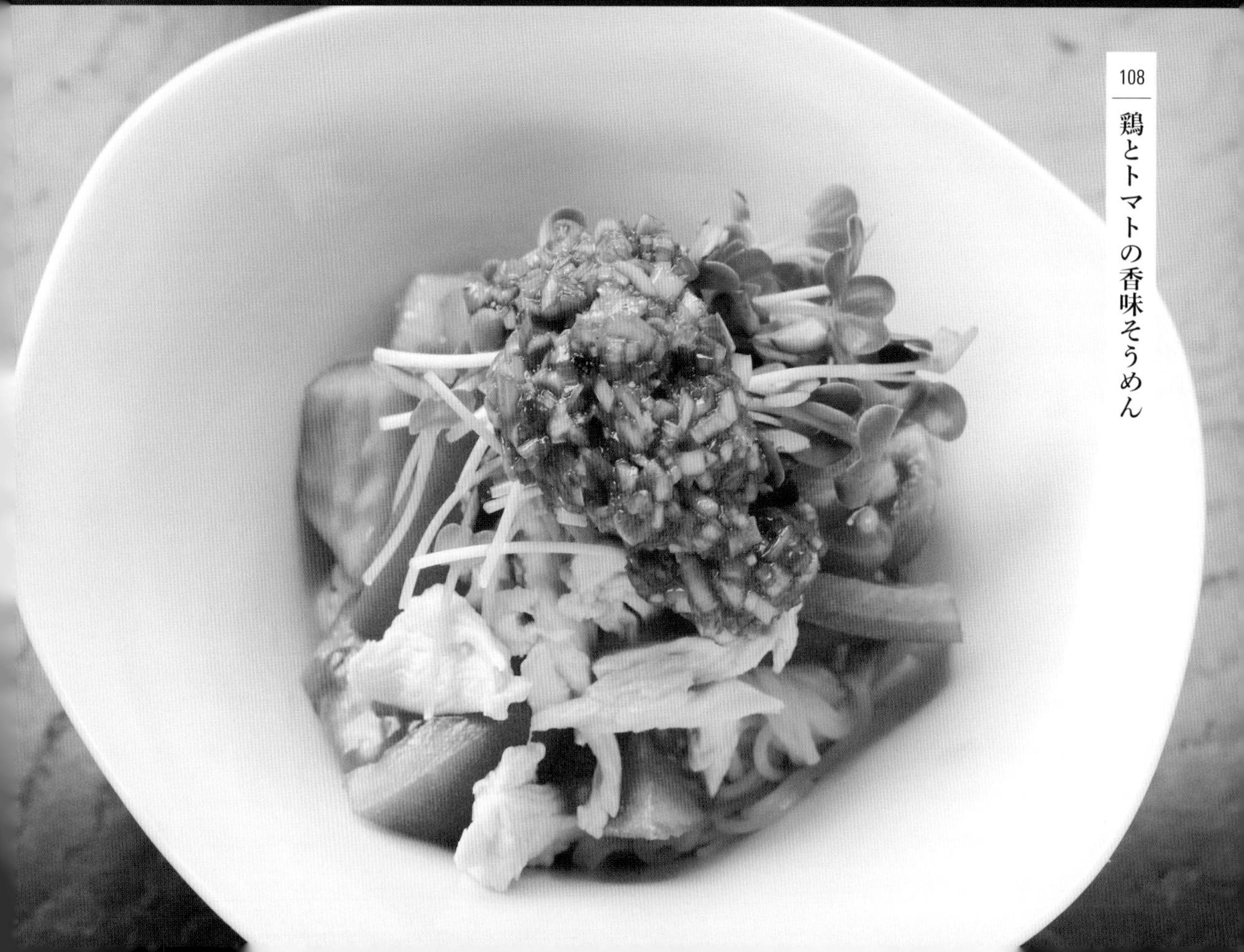

108

鶏とトマトの香味そうめん

109

新しょうがの炊き込みご飯

110

レモン香る鹹豆漿《シェントウジャン》

111
崩し冬瓜のスープ

113
しょうが入りレモネード

112
レモンリゾット

107 賀茂なすの白みそあん

面倒でも油で炒めることでグッとコクが出ます。白みそはあらかじめ入れて煮るとなすに味が絡んでさらにおいしく。

〈材料〉2人分
- 賀茂なす 1／2個(150g)
- しょうが 適量
- A
  - だし 300㎖
  - 白みそ 50g
- 片栗粉 適量(同量の水で溶く)
- サラダ油 大さじ1

1 賀茂なすは食べやすい大きさに切って皮をむく。鍋に賀茂なすとサラダ油を入れてよく絡め、火にかける。

2 油が回ったら**A**を入れ、賀茂なすに火が通るまで煮る。

3 片栗粉でとろみをつけ、器に盛り、しょうがを添える。

108 鶏とトマトの香味そうめん

ゆで鶏を保存する場合は、ゆで汁に浸けたままで。このゆで汁を利用して「崩し冬瓜のスープ」(P110)が作れます。貝割れ菜の代わりに九条ねぎ、パクチー、セロリなどお好みのものでもお試しください。仕上げに砕いたナッツを飾ってもいいでしょう。

〈材料〉2人分
- 鶏むね肉 1枚(250g)
- トマト(くし切り) 大1個(200g)
- 白ねぎ(みじん切り) 1本
- 貝割れ菜 適量
- そうめん 2束
- しょうが(みじん切り、皮も使う) 1かけ
- A
  - 紹興酒 大さじ3
  - 塩 大さじ1
  - 砂糖 小さじ1
  - 白ねぎの青い部分 適量
- B
  - 太白ごま油 大さじ3
  - 濃口しょうゆ 大さじ2
  - 黒酢 大さじ1
  - 豆板醤 大さじ1
  - 砂糖 小さじ1
  - 花椒《ホワジャオ》(粒) 適量

1 鍋に水1ℓ・**A**・しょうがの皮を入れて火にかける。沸騰したら鶏肉を入れてふたをし、すぐに火を止め、5分間蒸らす。ふたを取り、自然に冷めるまで置き、食べやすいように手で割く。

2 **B**をボウルに入れ、しょうがと白ねぎを加え、冷蔵庫でしっかり冷やす。

3 そうめんをゆで、氷水で冷やし、水気をきっちりと切って器に盛る。トマトと**1**をのせ、貝割れ菜を飾り、**2**をかける。

109 新しょうがの炊き込みご飯

油揚げは油抜きせずそのまま炊くことで、コクのある味わいに。油揚げの代わりに鶏もも肉で作ってもボリュームのあるご飯が楽しめますよ。

〈材料〉作りやすい分量
- 白米(洗ってざるに上げ、30分おく) 2合
- 油揚げ 50g
- 新しょうが 40g
- だし 適量
- A ・薄口しょうゆ、酒 各大さじ1

1 新しょうがはあられ切りにする。油揚げは縦に6等分に切り、端から千切りにする。

2 炊飯器に白米と**A**を入れ、目盛りまでだしを注ぎ、**1**を加えて炊く。

110 レモン香る鹹豆漿《シエントウジャン》

本場台湾では黒酢で作る朝ごはんです。ここではレモン果汁で爽やかに。しばらくすると、お豆腐のようにふるふるとゆるく固まってきます。

〈材料〉1人分
- 豆乳 200㎖
- 青ねぎ（小口切り）適量
- A
  - 薄口しょうゆ 小さじ1／3
  - オイスターソース、レモン（絞り汁） 各小さじ1／2
- 干しえび 大さじ1／2

1 汁椀に青ねぎ・**A**・干しえびを入れる。

2 鍋に豆乳を入れて火にかけ、沸騰直前に火を止め、**1**に注ぐ。

111 崩し冬瓜のスープ

ホロホロに崩れた冬瓜が氷のように涼しげで、また食べやすいものです。すりおろしたしょうがをたっぷり添えて、冷房で冷えた体を温めてください。

〈材料〉2人分
- 冬瓜（さいの目切り）1／8個（正味300g）
- しょうが（すりおろす）小さじ1（6g）
- ゆで鶏のゆで汁（なければだし）500㎖

1 鍋に冬瓜とゆで鶏のゆで汁を入れて火にかけ、やわらかく煮えたら、玉じゃくしの背などで崩す。

2 沸騰したら器によそい、しょうがを添える。

112 レモンリゾット

米は吸水させずにすぐに炊くのが、アルデンテに仕上げるポイントです。少ない量を炊く時はこげやすいので、火加減に気をつけてください。

〈材料〉2人分
- 白米（洗ってざるに上げる）1合
- にんにく（みじん切り）1／2片
- A
  - だし 100㎖
  - パルメジャーノレッジャーノ 大さじ1
  - ヨーグルト 大さじ1
  - レモン（絞り汁）大さじ1
- 黒こしょう 適量
- オリーブ油 大さじ1

1 白米と水200㎖を鍋に入れ、ふたをして火にかける。沸騰したら火を弱めて6分炊いて火を止め、10分間蒸らす。

2 フライパンにオリーブ油とにんにくを入れて炒め、香りが立ってきたら**1**を入れて炒める。油が回ったら、**A**を入れてざっくりと混ぜ、水分がなくなるまで煮る。

3 器に盛り、好みでレモンの皮（分量外）を削り、黒こしょうを振る。

113 しょうが入りレモネード

しょうががピリリと効いたレモネードはいかが。お湯や紅茶を注いだ温かいものもほっこりします。はちみつが溶けにくい場合は、軽くお湯で溶いて。

〈材料〉1杯分
- 新しょうが（皮のまますりおろして絞る）1かけ
- レモン（薄切り）適量
- A ・レモン（絞り汁）、はちみつ 各小さじ1
- 炭酸水 適量

1 グラスにしょうがの絞り汁と**A**を入れる。炭酸水を注いで軽く混ぜ、好みでレモンの薄切りを添える。

七月

文月《ふみづき》

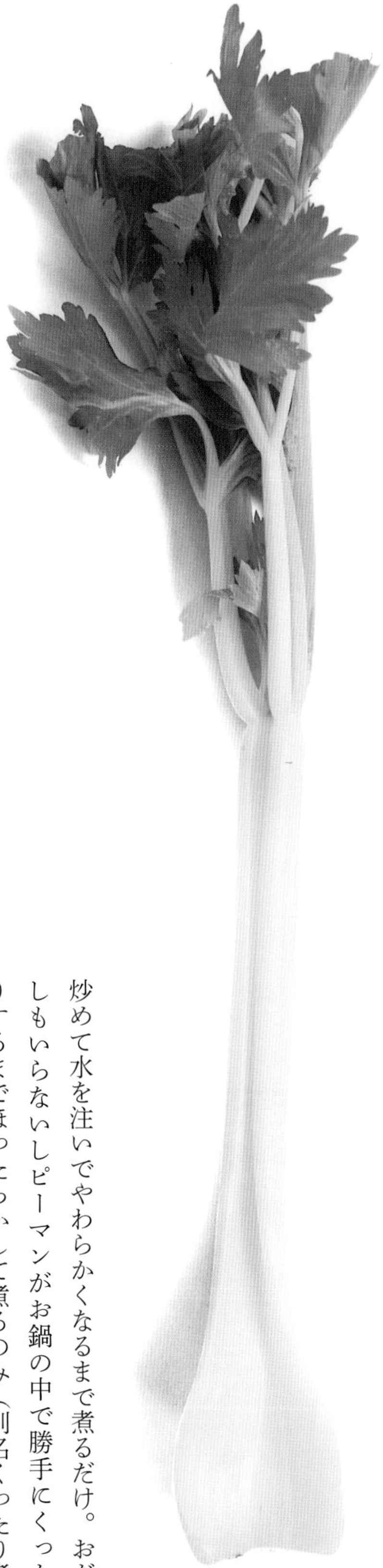

夏の野菜の中でもなす、きゅうり、トマトは便利で万能と讃えられるけれど、ピーマンも負けちゃいませんよ。千切りにしてしらすをたっぷりのせて上からお醤油をかけただけのものは、じゃこおろし並みの我が家の定番メニューですし、焼いて三杯酢に漬けるだけで日持ちもしますから、日々のつけ合わせにするといいでしょう。そして忙しい日々だからこそお勧めしたいのが「丸ごとピーマンのおかか煮」（121ページ）。ヘタも種も取らずにそのままお鍋にゴロン。チャチャッと炒めて水を注いでやわらかくなるまで煮るだけ。おだしもいらないしピーマンがお鍋の中で勝手にくったりするまでほったらかして煮るのみ（別名くったり煮と名付けてるほど）。あ〜時間がない、けどピーマンしかない！って時に完成した夏の煮物。なのに夫は「お。今日は煮物ですか」と嬉々としてビールの栓をプシュッと抜いてかぶりついてるんだから、我ながらいいレシピができたもんだ。ふふふ。ほんと、夫同様ほったらかしなのにね。

114

トマトといかのバターしょうゆ炒め

115
鯵の梅なめろう

116
落としはもと梅おろし

117

水なすと鶏むね肉のバジル炒め

118

焼きなすのゼリー寄せ

119

万願寺とうがらしとあさりの実山椒炒め

120

ズッキーニの酢の物

114

トマトといかのバターしょうゆ炒め

いかは火を通しすぎないように手早く炒めてください。トマトはミニトマトでもおいしいです。

〈材料〉4人分
- トマト（くし切り）1個（150g）
- いか（下処理済みのもの）2はい（わたを含め300g）
- にんにく（薄切り）1片
- A
  - 濃口しょうゆ 小さじ2
  - 酒 小さじ1
- バター 大さじ1
- 赤とうがらし 1／2本

1 いかは食べやすい大きさに切る。
2 フライパンにバター・赤とうがらし・にんにくを入れて火にかけ、香りが立ったらいかを入れて炒める。
3 半分ほど火が通ったらトマトを炒め、軽くとろりとしたらAをまわしかけて手早く炒めて火を通し、器に汁ごと盛る。

115

鯵の梅なめろう

梅とみその塩分によって、使う量を調節してください。青ねぎを青じそに代えても爽やかですね。

〈材料〉2人分
- 鯵の刺し身 5切れほど（50g）
- 青ねぎ、しょうが 各適量
- A
  - 梅肉 小さじ1
  - みそ 小さじ1／2

1 鯵を粘りが出るまで包丁でたたく。青ねぎは小口切り、しょうがはみじん切りにする。
2 まな板の上に**1**とAをおき、包丁で全体をたたき、なじんだら器に盛る。

116

落としはもと梅おろし

はも以外に、季節の魚のお刺し身や豚肉のしゃぶしゃぶでもおいしいですよ。梅干しは必ずしょっぱく酸っぱいものを使ってください。

〈材料〉2人分
- はもの湯引き 6切れ
- 大根 100g
- 梅干し 1個
- おろしわさび 適量

1 大根は鬼おろし（なければおろし金）ですりおろし、軽く水気を切る。梅干しは種を出し、包丁でたたいて大根おろしと合わせる。
2 はもと**1**を皿に盛り、おろしわさびを添える。

117

水なすと鶏むね肉のバジル炒め

水なすは意外と火の通りが早いです。豆板醤は辛みがさまざまなので、必ず確認して調整してください。バジルはサッと火を通す程度で。

〈材料〉2人分
- 鶏むね肉（角切り）100g
- 水なす（一口大に切る）1個（70g）
- バジルの葉 2枚
- A
  - 豆板醤 小さじ1
  - しょうが、にんにく（ともにみじん切り）各1／2かけ
- 濃口しょうゆ 大さじ1／2
- 紹興酒 小さじ1
- ごま油 大さじ1

1 フライパンにごま油とAを入れて火にかけ、香りが立つまで炒める。
2 水なすを加えて炒め、半分ほど火が通ったら鶏肉を入れ、表面の色が変わったら紹興酒を加えてさらに炒める。
3 濃口しょうゆとバジルの葉を入れてざっくりと混ぜ、器に盛る。

118 焼きなすのゼリー寄せ

みんな大好きな焼きなすを、こんな食べ方で涼やかに。ゆるっと仕上げましたが、かためがお好みの方はゼラチンを3枚ほどお使いください。

〈材料〉6人分

・なす 3個(210g)

A
・だし 200㎖
・しょうが(絞り汁) 大さじ1/2
・薄口しょうゆ、酒 各小さじ1
・塩 ひとつまみ

・板ゼラチン(水に5分ほど浸けて戻す) 2.5枚(3.75g)

1 鍋に**A**を入れて火にかけ、沸騰したら火を止め、戻したゼラチンを入れてよく混ぜて溶かし、人肌程度に冷ます。

2 なすは魚焼きグリルやトースターなどでこんがりと焼いて皮をむき、長さ3cmに切る。密閉容器などにまんべんなく敷き詰め、**1**を流し入れ、冷蔵庫で冷やし固める。

3 スプーンなどでざっくりとすくって器に盛る。

119 万願寺とうがらしとあさりの実山椒炒め

お教室の人気メニュー！ 万願寺とうがらしがなければピーマンで作ってみてください。

〈材料〉2人分

・あさり(砂出し済みのもの) 10個(150g)ほど
・万願寺とうがらし(一口大に切る) 2本

A
・酒 大さじ2
・実山椒(水煮) 大さじ1

B
・にんにく(みじん切り) 1片
・ごま油 小さじ2
・豆板醤 小さじ1

・濃口しょうゆ 小さじ1

1 ふたつきの鍋にあさりと**A**を入れてふたをして火にかけ、あさりの口が開いたら火を止める。

2 フライパンに**B**を入れて火にかけ、香りが立ってきてにんにくに火が通ったら万願寺とうがらしを入れてサッと炒める。

3 **1**を汁ごと加えてざっくりと混ぜ、仕上げに濃口しょうゆを入れ、香りが立ったら、火を止める。

120 ズッキーニの酢の物

塩もみは、野菜に塩を振ってすぐにもむとパリパリと割れてしまいます。野菜から水気が上がってきたら、もんでいいよという野菜からの合図です。

〈材料〉2人分

・ズッキーニ(あれば緑と黄色) 2本(500g)

A
・だし、米酢 各大さじ2
・砂糖、しょうが(絞り汁) 各大さじ1

・塩 小さじ1/2

1 ズッキーニは3等分して縦に薄切りにし、塩を振ってあえ、しばらくおく。水気が出てきたら、よくもんで水気を絞る。

2 ボウルに**A**を入れてよく混ぜ、**1**を加えてあえる。

121
セロリと牛肉の水餃子

122
かぼちゃとセロリのカレーサラダ

123
トマト酢豚

125
まるごとピーマンのおかか煮

124
焼きピーマンのみそあえ

126

新しょうがと牛肉の時雨《しぐれ》煮

127

ずいきの煮物

128

セミドライトマトのバルサミコ酢がけ

129

たたきオクラとたこの前菜

121 セロリと牛肉の水餃子

皮はひだを作る必要はなく、中の具が見えてもいいのでキュッと寄せるだけでOK。小麦粉の香りと素材の旨みが溶け出たゆで汁も余さずどうぞ。

〈材料〉2人分
・牛こま切れ肉 200g
・セロリ(葉も使う、みじん切り) 1本(100g)
・餃子の皮 20枚
A
・太白ごま油、酒、しょうが(すりおろす) 各小さじ1
・にんにく(すりおろす) 1片
・塩 小さじ1／2

1 牛肉を包丁で細かくたたき、ボウルに入れ、塩ひとつまみ(分量外)を加え、粘りが出るまで練り、Aを加える。
2 セロリを別のボウルに入れ、塩をしてしんなりしたらもみ、水気をギュッと絞り、1に加え、なじむまで手で混ぜる。
3 餃子の皮に2を大さじ1おき、巾着を作るように口を真ん中にギュッと寄せて包む。10個ずつ2回に分けて400mℓ熱湯で3分ゆで、器にゆで汁ごと盛る。

122 かぼちゃとセロリのカレーサラダ

かぼちゃは6～7分で火が通るよう小さめに切ってください。また、冷めると水気を吸うので、パサつくようであれば仕上げに無糖ヨーグルトを大さじ1ほど加えるといいでしょう。

〈材料〉作りやすい分量
・鶏むね肉(2cmの角切り) 200g
・かぼちゃ(2.5cmの角切り) 1／4個(正味600g)
・セロリ(茎は2mmの薄切り、飾りに葉の千切りを適量使う) 2本(200g)
・にんにく(すりおろす) 1片
A
・豆乳ヨーグルト 400mℓ
・カレー粉 小さじ1
・塩 小さじ1／2
・太白ごま油 大さじ1

1 ふたつきの深鍋にごま油をひき、かぼちゃを炒める。表面が透き通ってきたらにんにくを加え、香りが立ってきたらAを入れてざっくりと混ぜ、ふたをする。
2 沸騰してきたら底からこそげるようにざっくりと混ぜ、火を弱めてふたをし、6～7分ほど煮る。セロリと鶏肉を加え、火が通るまで2分ほど煮て火を止める。
3 器に盛り、セロリの葉を飾る。

123 トマト酢豚

豚肉は揚げ焼きする段階では火を通しすぎないのがポイント。たれを煮詰めるのを計算に入れてやわらかくジューシーに仕上げます。

〈材料〉4人前
・豚肩ロース肉トンテキ用(一口大に切る) 2枚(200g)
・トマト(6等分のくし切り) 2個(300g)
・溶き卵 1個分
A
・黒酢 大さじ4
・黒糖 大さじ2
・濃口しょうゆ、酒 各大さじ1
・片栗粉 小さじ1／2
・塩、黒こしょう 適量
・片栗粉 適量
・サラダ油 適量

1 豚肉に塩・黒こしょうを振る。
2 ボウルに卵を入れ、片栗粉を加えて混ぜ、卵衣を作る。
3 フライパンに油を熱し、1を2に絡ませて揚げ焼きし、バットに移す。油はペーパータオルなどで拭き取る。
4 空いたフライパンにAを入れてよく混ぜて火にかけ、沸騰したらトマトを入れ、豚肉を戻し入れて煮詰めながら絡め、とろりとしたら器に盛る。

124

焼きピーマンのみそあえ

今回は米みそを使っていますが、麦みそなど種類は問いません。万願寺とうがらしや焼きなすにもお使いいただける万能たれとしてどうぞ。

〈材料〉2人分
・ピーマン(縦4〜6等分に切る) 2個(80g)
A
・みそ、ごま油 各大さじ1
・みりん 小さじ1
・濃口しょうゆ 小さじ1／2

1 ボウルに**A**を入れてなめらかになるまで混ぜる。
2 ピーマンは魚焼きグリルやトースターでこんがりと焼き、**1**に入れてあえる。

125

まるごとピーマンのおかか煮

ヘタも種も丸ごと食べられるところが好評です。できたてもおいしいけれど、冷やすとなお美味です。

〈材料〉2人分
・ピーマン 4個(160g)
・しょうが(絞り汁) 小さじ1
A ・薄口しょうゆ、みりん 各小さじ2
・かつお節 10g
・オリーブ油 小さじ2

1 フライパンにオリーブ油とピーマンを入れ、転がして表面に油を絡めてから、火にかける。
2 焼き色がついたら水400㎖・**A**・かつお節を加えてざっくりと混ぜ、途中ひっくりかえしながらピーマンの色があせてくったりするまで20分ほど煮る。
3 しょうがの絞り汁を入れて火を止め、冷めるまでおき、冷蔵庫でよく冷やしてから器に盛る。

126

新しょうがと牛肉の時雨煮《しぐれ》

お肉以上に新しょうががメインの時雨煮です。シャクシャクした歯ごたえが心地よく、いくらでも食べ進められますよ！

〈材料〉作りやすい分量
・牛こま切れ肉 200g
・新しょうが(皮つきのまま千切り) 300g
・糸こんにゃく(アク抜き済みのもの) 200g
A ・酒、砂糖、濃口しょうゆ 各大さじ4
・塩 小さじ1／3
・ごま油 大さじ1

1 ボウルに新しょうがと塩を入れてよくもみ、水気をしっかりと絞る。たっぷりの熱湯で1分ほどゆでてざるに上げ、冷めたらギュッと絞る。
2 糸こんにゃくは長さ10㎝に切り、鍋に入れて火にかけからいりする。水分が飛んだらごま油を入れ、牛肉を入れて半分くらい火が通ったら**A**としょうがを入れてざっくりと混ぜる。
3 煮汁が玉じゃくし1杯分くらいになるまで煮詰め、火を止める。

127

ずいきの煮物

冷やしてもあつあつでもおいしい夏の味。いもの部分は皮をむいてゆで、ごまあえにしても。

〈材料〉4人分
・赤ずいき(茎の部分のみ)400g
・しょうが(すりおろす)適量
A
・だし 200mℓ
・薄口しょうゆ、酒 各小さじ1
・塩 ひとつまみ
・酢 小さじ1

1 ずいきは皮をむき長さ3cmに切る。酢を加えた熱湯で落としぶたをして4分ほどやわらかくなるまでゆでてざるに上げ、水気を切る。
2 鍋に**1**と**A**を入れて火にかけ、沸騰したら火を弱めて5分ほど煮て火を止め、器に盛る。煮汁を張り、しょうがを添える。

128

セミドライトマトのバルサミコ酢がけ

トマトをじっくり焼いて、旨み、甘みをグッと引き出します。

〈材料〉2人分
・トマト 2個(300g)
A
・しょうが(すりおろす)適量
・バルサミコ酢 大さじ1／2
・オリーブ油 大さじ1

1 トマトは横に半分に切り、100度のオーブンで80分ほど焼いて軽く水分が飛んだら皿に盛る。
2 よく混ぜた**A**を**1**に回しかける。

129

たたきオクラとたこの前菜

オクラの緑を生かすため、しょうゆは別添えにしましたが、たたきに混ぜ込んでも。たたきオクラは納豆と混ぜたり、焼きなすにかけたりと万能。

〈材料〉2人分
・ゆでだこ 100g
・オクラ 8本
・新しょうが(なければ普通のしょうが、すりおろす)1かけ
・粗塩 小さじ1
・刺し身しょうゆ 適量

1 たこは足先を落とし、食べやすい大きさに切る。
2 オクラは粗塩で板ずりをし、たっぷりの熱湯でゆでて水に取る。冷めたらへたを落として縦半分に切り、中の種を取り除いて細かく包丁でたたき、ボウルに入れる。新しょうがを加えてよく粘るまで混ぜる。
3 器に**1**を盛り、上から**2**をかける。刺し身しょうゆを添える。

130
みょうがと梅のそうめん

131
梅とろろご飯

132
とうもろこしと山椒のご飯

130

みょうがと梅のそうめん

梅干しの種まで使って無駄なくその酸味と塩味を引き出します。漉した後に残る果肉とかつお節におしょうゆをひとたらしすればご飯のお供にも。

〈材料〉2人分
・そうめん 2束
・みょうが（小口切り） 2個
・梅干し 1個
A
・だし 500mℓ
・酒 小さじ1
・かつお節 3g

1 梅干しは種を出して果肉を包丁でたたき、ともに鍋に入れる。Aを注いで火にかける。沸騰したらかつお節を入れて火を弱め、2分ほど煮たらざるなどで漉す。粗熱が取れたら冷蔵庫で冷やす。

2 そうめんを表示通りゆでて洗い、水気を切る。器に盛り、1をかけ、みょうがを飾り、好みで氷（分量外）を浮かべる。

131

梅とろろご飯

余ったらそばにたっぷりかけるのもおすすめ。すり鉢がなければすりおろしてボウルに入れて作ってください。

〈材料〉4人分
・山いも 300g
・しいたけ 2個
・三つ葉 1／2束分（30g）
・梅干し 1個
・ご飯 茶碗4杯分（600g）
・だし 100mℓ
・白みそ 大さじ1

1 梅干しは種を出して果肉を包丁でたたく。しいたけは石づきを外して薄切りに、三つ葉は根を切り落として長さ2cmに切る。

2 鍋にだし・しいたけ・梅干しの種を入れて火にかける。沸騰したら火を止めて白みそを溶き入れ、三つ葉を加えて冷ます。梅干しの種は取り出す。

3 山いもはすり鉢でなめらかになるまですり、梅肉を入れてよく混ぜ、1の汁気のみを少しずつ注いで伸ばす。なじんだら残りをすべて加えてよく混ぜる。

4 茶碗にご飯をよそい、3をたっぷりとかける。

132

とうもろこしと山椒のご飯

芯も一緒に炊くと余すことなくとうもろこしのおいしさが染み渡ります。山椒の代わりにごま塩を振っても。ラップして冷凍保存もできます。

〈材料〉作りやすい分量
・とうもろこし 1本
・白米（洗ってざるに上げ、30分置く） 2合
・実山椒（水煮） 大さじ1
A
・酒 小さじ1
・塩 小さじ1／2
・昆布 10cm×10cm（10g）

1 とうもろこしは包丁で粒を芯から外す。実山椒は粗く刻む。

2 炊飯器に白米とAを入れ、水適量を目盛りのところまで注ぎ、昆布を刺し入れ、とうもろこしの粒と芯を加えて炊く。

3 炊けたら芯と昆布を取り出し、ざっくりと混ぜて茶碗によそい、実山椒を振りかける。

133
たこ・あおさ・じゃがいものリングイネ

134
とうもろこしのスープ

135
チェリージャムがけヨーグルト

133

たこ・あおさ・じゃがいものリングイネ

生のたこを使う場合は加熱しすぎないように気をつけて。じゃがいもはお好きな品種のものを。火を通しすぎると崩れるので様子を見て加えてくださいね。

〈材料〉2人分
- ゆでだこ（粗く刻む）80g
- じゃがいも（1.5cm各に切る）1個（130g）
- あおさのり（乾燥）7g
- リングイネ 160g
- にんにく（みじん切り）1片
- 塩 適量
- 赤とうがらし（小口切り）1／2本
- オリーブ油 大さじ2

1 2ℓの熱湯に塩大さじ1強（分量外）を入れ、リングイネを表示通りゆでる。途中、じゃがいもを入れて一緒にゆでる。

2 フライパンににんにく・赤とうがらし・オリーブ油を入れて火にかけ、にんにくがカリッとしたらたこを加えてサッと炒め、塩を入れ、火を止める。

3 リングイネのゆで汁を玉じゃくし1杯（100mℓほど）を**2**に注ぎ、じゃがいも・あおさ・リングイネを加えてよくあえて塩で味をととのえ、皿に盛り、オリーブ油（分量外）をまわしかける。

134

とうもろこしのスープ

食べ応えのあるスープにしましたが、舌触りが気になるようなら一度漉しても。

〈材料〉2人分
- とうもろこし（4～5等分に切る）2本
- 塩 ひとつまみ
- 黒こしょう 適量
- 昆布 10cm×10cm（10g）

1 鍋に水600mℓと昆布を入れて30分ほど置く。とうもろこしを入れ、火にかける。

2 沸騰寸前に昆布を引き上げ、沸騰したら火を弱めて3分ほどゆで、火を止めて粗熱が取れるまでそのままおく。

3 とうもろこしの粒を包丁で削ぎ、ミキサーに入れ、ゆで汁を少し足してなめらかになるまで撹拌する。残りのゆで汁と塩をひとつまみ入れ、さらに一混ぜする。

4 冷蔵庫で冷やし、器によそい、黒こしょうを振る。

135

チェリージャムがけヨーグルト

ここではアメリカンチェリーの一種で、大玉で甘みの強い、レーニアチェリーを使いました。お好みのさくらんぼで作ってみてください。

〈材料〉作りやすい分量
- さくらんぼ 500g
- レモン（絞り汁）大さじ1
- 無糖ヨーグルト 適量
- グラニュー糖 200g（さくらんぼの果肉の半量ほど）

1 さくらんぼは縦に一周ぐるりと包丁を入れて半分に割り、中の種を出す。種はおいておく。

2 鍋にさくらんぼの果肉とグラニュー糖を入れてよく混ぜ、2時間ほどおいて水分を出す。

3 **2**を火にかけ、途中アクをすくいながら10分ほど煮たら、さくらんぼの果肉だけ取り出す。鍋に種を入れてとろみが出るまで煮る。好みの濃度になる少し手前まで煮詰めたら、種を引き上げレモンの絞り汁を入れ、果肉を戻し入れて3分ほど煮て火を止め、冷ます。

4 器にヨーグルトを盛り、**3**を好みの分量かける。

八月

葉月《はづき》

夏野菜の使い道に困った時のために前もって作っておくと便利なものは、塩豚（132ページ）、田楽みそ（130ページ）、らっきょうの南蛮酢（134ページ）。我が家の夏の三種の神器的メニューです。

例えば鶏の唐揚げが余ったらっきょうの南蛮酢に漬けて明日の食卓の足しに。田楽みそも野菜を焼いてつけるだけで汗をかくこの時季にほどよく塩分補給もでき、水気の多い夏野菜にみそのコクが添えられて食欲もすすむというもの。我が家の塩豚は簡単ですよ〜。買ってきた薄切りのばら肉などが入ったトレーや袋にそのまま塩をまぶして塩の粒子が溶けるまで30分ほどなじませておくだけの時短塩豚。かたまり肉に塩を何日も染み込ませてる余裕（胃袋の）なんて我が家にはありませんしね。でも食べた人には前々から丁寧に作った塩豚と思ってもらえるんですから、結果オーライ。ベーコンのような感覚で使ってみてください。万願寺とうがらしだけでなく、ズッキーニ、アスパラガスなどと炒めたり、トマトと一緒に水で煮るだけスープっていうのもいいなぁ。

夏野菜たっぷりの揚げ鶏

137

万願寺とうがらし・なす・しいたけの田楽みそがけ

136
夏野菜たっぷりの揚げ鶏

からしの量は加減してください。香りと辛みが飛ぶので、食べるときに追加で添えてもいいですね。

〈材料〉4人分
・鶏むね肉 1枚(250g)
・トマト 1個(150g)
・きゅうり 1本(150g)
・新玉ねぎ 1個(200g)
A
・にんにく(すりおろす)1片
・しょうが(すりおろす)小さじ1(6g)
・濃口しょうゆ、酒 各大さじ1
B
・しょうが(みじん切り)小さじ1(4g)
・濃口しょうゆ、みりん、米酢、溶きがらし 各大さじ2
・ごま油 大さじ1
・米粉 適量
・揚げ油 適量

1 鶏肉は繊維に沿って3等分に切り、**A**をなじませてしばらく置く。
2 野菜はそれぞれ細かく刻んでボウルに入れ、**B**を加えてよく混ぜ、冷蔵庫で冷やす。
3 **1**にたっぷりの米粉をつけ、180℃の油でこんがりするまで気長に揚げ、バットに移して5分ほどおき、好みの厚さにスライスする。
4 皿に盛り、**2**をたっぷりとかける。

137
万願寺とうがらし・なす・しいたけの田楽みそがけ

賀茂なすでもおいしいです。田楽みそは余ったら密閉容器に入れて冷蔵庫で保存。しばらく持ちますが、風味が飛ばないうちにお召し上がりください。

〈材料〉2人分
・万願寺とうがらし 2本
・しいたけ 2個
・なす 1個(70g)
A
・八丁みそ 80g
・みりん 大さじ4
・砂糖 大さじ2
・いりごま 適量
・揚げ油 適量

1 万願寺とうがらしは縦半分に、しいたけは石づきを外し一口大に、なすは一口大に切る。
2 揚げ油でそれぞれサッと揚げ、バットに上げる。
3 鍋に**A**を入れてよく混ぜ、火にかけてフツフツと煮立ってきてつやが出たら火を止める。
4 器に**2**を盛り、**3**をかけ、いりごまを振る。

138
万願寺とうがらしと塩豚の炒め物

139
万願寺とうがらしとはもの天ぷら

138

万願寺とうがらしと塩豚の炒め物

しょうゆは香りづけ程度に。油は使わず、豚肉から出る脂で万願寺とうがらしを炒めてください。旨みが濃いですよ。塩豚は冷蔵庫で4日、冷凍庫で1月ほど持ちます。

〈材料〉2人分
・豚ばら肉 100g
・万願寺とうがらし 5本
・塩 小さじ1／3
・濃口しょうゆ 少々

1 豚肉に塩を振り、1時間ほど置いてなじませる。
2 万願寺とうがらしは一口大に切って種を取る。
3 フライパンを熱し、**1**を広げて置き、脂が出てこんがりと焼けたら万願寺とうがらしを入れて炒め、火が通ったら濃口しょうゆをたらし、手早く絡める。

139

万願寺とうがらしとはもの天ぷら

万願寺とうがらしは丸々1本使います。包丁の先で軽く切り込みを入れておくと、空気の逃げ道ができて油の中で破裂しません。

〈材料〉2人分
・骨切りはも 1尾分(40cmほど)
・万願寺とうがらし 6本
・梅肉 適量
・薄力粉 大さじ2
・揚げ油 適量

1 はもに軽く塩(分量外)を振り、6等分に切り、軽く薄力粉を適量(分量外)つける。
2 万願寺とうがらしに包丁の先で切り込みを入れる。
3 ボウルに薄力粉と水大さじ2を入れてざっくり混ぜ、**1**の皮に軽くつけ、**2**を包む。180℃の油でこんがりするまで揚げ、バットに上げる。
4 皿に盛り、梅肉を添える。

140

はものらっきょう南蛮漬け

141

お薬味たっぷりの厚揚げ

142

なすのから揚げ

140 はものらっきょう南蛮漬け

はもの代わりに鶏肉や魚介類でもいいですね。南蛮酢に漬けておけば、しばらく日持ちします。らっきょうはとにかくたっぷり入れることがおいしさのポイントです。

〈材料〉作りやすい分量
・骨切りはも 1尾分(40㎝ほど)
・らっきょうの甘酢漬け(粗く刻む) 20個
A
・だし 100㎖
・米酢、薄口しょうゆ 各大さじ2
・砂糖 大さじ1
・赤とうがらし 1／2本
・片栗粉 適量
・揚げ油 適量

1 鍋にAを入れて火にかけ、沸騰したら火を止めて冷まし、らっきょうを加える。
2 はもに塩(分量外)を振り、一口大に切って片栗粉をまぶし、多めの油で揚げ焼きし、熱いうちに1に漬ける。
3 器に盛り、1の浸し地を張り、らっきょうをたっぷりとのせる。

141 お薬味たっぷりの厚揚げ

ポイントは高温の油で一気にサッと揚げること。時間をかけると中にすが入りボソボソの仕上がりに。油はねしないよう水気はきっちり切って。

〈材料〉2人分
・絹ごし豆腐 200g
・青ねぎ(小口切り) 1本
・みょうが(小口切り) 1個
・しょうが(すりおろす) 適量
・濃口しょうゆ 適量
・揚げ油 適量

1 豆腐は揚げる1時間前に冷蔵庫から出しておく。好みの大きさに切り、ペーパータオルに包んできっちり水気を切る。
2 1を190度の油できつね色になるまで揚げ、バットに上げる。
3 器に盛り、濃口しょうゆをたらし、青ねぎ・みょうが・しょうがを添える。

142 なすのから揚げ

鶏のから揚げを作ろうといざ冷蔵庫を開けたらなすしかなく、試してみたら大正解。万願寺とうがらしやきゅうりなどでも挑戦してみてください。油はねを防ぐためにも小麦粉はたっぷりとつけて。

〈材料〉2人分
・なす 大1個(100g)
A
・濃口しょうゆ、酒 各小さじ2
・しょうが(絞り汁) 小さじ1(5g)
各小さじ1
・小麦粉 適量
・揚げ油 適量

1 なすは一口大の乱切りにし、ボウルに入れてAを加えて絡め、3分ほどおく。
2 小麦粉をたっぷりまぶして、180℃の油でカラリとするまで揚げる。

143
ゴーヤーのあえ物

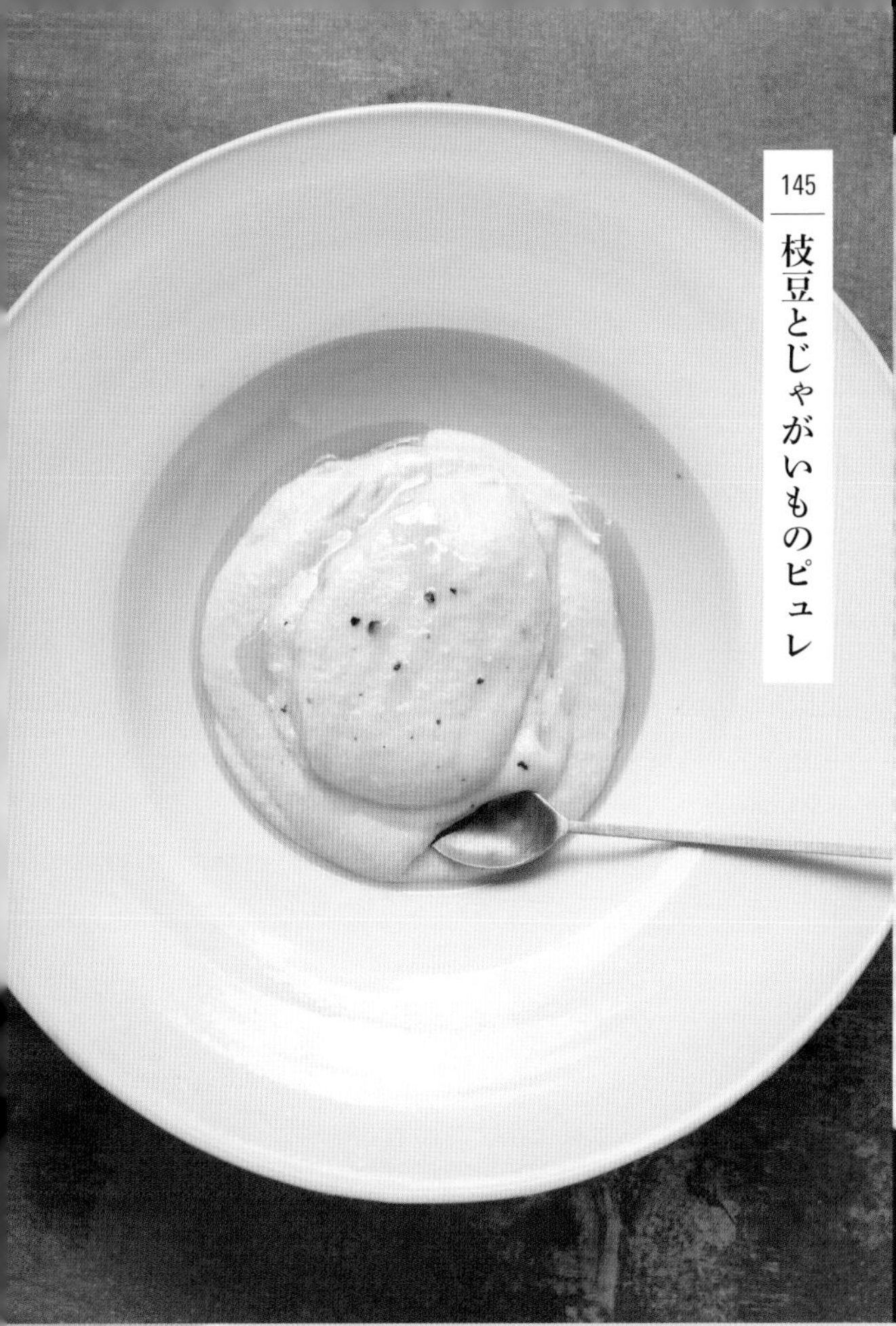

145
枝豆とじゃがいものピュレ

144
ズッキーニのまん丸焼き

146
なすといちじくのバルサミコマリネ

147
水キムチ

148
すももとみょうがの甘酢漬けのあえ物

149
夏野菜のすだち浸し

143
ゴーヤーのあえ物

ゴーヤーの苦みとお揚げさんの香ばしさが見事にマッチ。かつお節をしらすに代えるのも食べ応えがあっておすすめです!

〈材料〉作りやすい分量
・ゴーヤー 1/2本(100g)
・貝割れ菜 1パック
・みょうが 2個
・油揚げ 50g
・しょうが(すりおろす) 小さじ1(6g)
・濃口しょうゆ 小さじ1
・かつお節 2g

1 ゴーヤーは縦半分に切り、ワタを取って2〜3mmの薄切りにする。たっぷりの熱湯で1分ほどゆで、冷水にさらし、ざるに上げて水気をきっちり切り、ボウルに入れる。

2 油揚げは魚焼きグリルやトースターなどでこんがりと焼き目がつくまで焼き、縦3等分に切って端から細かく切る。貝割れ菜は3cmの長さに、みょうがは縦半分に切って端から薄切りにし、それぞれ**1**に入れる。

3 しょうがとかつお節を入れ、濃口しょうゆを回しかけ、ざっくりと混ぜる。

144
ズッキーニのまん丸焼き

よく火が通ったズッキーニはみずみずしく、さっぱりといただけます。ナイフ&フォークで切り分けて、ちょっとした前菜としていかがですか。

〈材料〉作りやすい分量
・ズッキーニ(あれば丸いもの) 2〜3個
・オリーブ油、塩、黒こしょう 各適量

1 ズッキーニはアルミホイルで包み、200℃のオーブンで20分ほど焼く。

2 アルミホイルから出して皿に盛り、オリーブ油をまわしかけ、塩・黒こしょうを振る。

145
枝豆とじゃがいものピュレ

やわらかさはゆで汁で加減を。とても優しい味に仕上げました。まずはそのままスプーンですくって召し上がってください。バゲットに塗っても美味。

〈材料〉作りやすい分量
・枝豆 250g
・じゃがいも 200g
・塩 ふたつまみ
・黒こしょう 適量
・オリーブ油 大さじ2

1 枝豆は8分ほどゆでてざるに上げ、さやから外して薄皮を取り、フードプロセッサーに入れる。

2 じゃがいもは水からゆで、やわらかくなったら皮をむく。**1**に入れ、じゃがいものゆで汁100mℓ・塩・黒こしょう・オリーブ油を加え、なめらかになるまで撹拌する。

3 器に盛り、オリーブ油(分量外)をまわしかけ、黒こしょう(分量外)を振る。

146
なすといちじくのバルサミコマリネ

バルサミコ酢以外に黒酢をかけてもおいしいです。なすが熱いうちに味つけしてあえると味がなじみます。あつあつでも、冷蔵庫で冷やしても。

〈材料〉2人分
・なす(一口大に切る) 2個(140g)
・いちじく 2個
・貝割れ菜 適量
・バルサミコ酢、塩、黒こしょう 各適量
・揚げ油 適量

1 なすは多めの油で炒め揚げし、バットに上げ、熱いうちに塩(分量外)を振る。

2 いちじくは皮つきのまま4等分のくし切りにする。貝割れ菜は半分に切る。

3 ボウルに**1**と**2**を入れ、バルサミコ酢・塩・黒こしょうを加えてざっくりと混ぜる。

147

水キムチ

夏場は半日程度でほどよく発酵します。発酵後は冷蔵庫で保存してください。乳酸菌がたっぷりですので、漬け汁ごと召し上がってください。

〈材料〉作りやすい分量
・大根（いちょう切り）100g
・きゅうり（薄切り）1本（150g）
・にんじん（いちょう切り）50g
・青ねぎ（長さ3㎝に切る）1本
・りんご（皮つきのままいちょう切り）1／4個
・にんにく（包丁で潰す）1片
A
・米のとぎ汁 400㎖
・塩 小さじ1／2
・昆布 10㎝×5㎝（5g）
B
・赤とうがらし 1本
・しょうが（絞り汁）大さじ1（15g）
・塩 小さじ1／2

1 鍋にAを入れて火にかけ、煮立ったら昆布を取り出して火を止め、粗熱が取れたら密閉容器やポリ袋に移し、青ねぎ・りんご・にんにく・Bを加える。
2 大根・きゅうり・にんじんをボウルに入れ、塩を振ってしんなりとしたらもみ、汁ごと1に入れ、常温で半日ほどおく。酸味が出たら、冷蔵庫で保存する。

148

すももとみょうがの甘酢漬けのあえ物

すももは皮も栄養が豊富なのでそのまま使いましたが、お好みでむいて作ってもいいでしょう。みょうがの甘酢漬けは冷蔵庫で5日ほど持ちます。

〈材料〉4人分
・すもも 5個
・みょうが 3個
A
・米酢 大さじ2
・砂糖 大さじ1
・塩 ひとつまみ
・オリーブ油 小さじ2
・黒こしょう 適量

1 鍋に水100㎖とAを入れて火にかけ、沸騰したら火を止めて冷ます。
2 みょうがは4等分のくし切りにし、熱湯でサッとゆでてざるに上げ、1に1時間ほど漬ける。
3 すももは種を避けて果肉を一口大に切る。2を好みの大きさに切り、すももとともにボウルに入れ、2の汁気を小さじ1ほどかけ、オリーブ油をまわしかけてざっくり混ぜ、器に盛り、黒こしょうを振る。

149

夏野菜のすだち浸し

すだちは熱い浸し地に入れるとえぐみが出るので、必ず冷めてから入れてください。

〈材料〉作りやすい分量
・かぼちゃ（正味）500g
・ゴーヤー 70g
・みょうが 3個
・すだち（薄切り）1個
・新しょうが（千切り）15g
A
・だし 800㎖
・薄口しょうゆ、みりん、砂糖 各大さじ1

1 ゴーヤーはワタを取って幅3㎜に切り、たっぷりの熱湯でサッとゆでてざるに上げて冷ます。
2 かぼちゃは3㎝×4㎝ほどの大きさに切り、皮のかたいところは包丁でそぎ、ワタの部分を切り落とす。
3 間口の広い鍋に2を重ならないように並べ、新しょうがを全体に散らし、みょうがを隙間に埋めるようにおき、Aを注いで紙ぶたをして火にかけ、沸騰したら火を弱めて12分ほど煮る。
4 火を止める直前に1を加えてサッと煮て火を止め、粗熱が取れるまで置く。
5 すだちを4に散らして軽く酸味と香りがついたら器に盛り、煮汁を張る。

150
豆腐と古漬けの水茶漬け

151
夏野菜のしょうゆ漬けご飯

152
いわしのつみれ汁

153 きゅうりと焼き鮎の冷や汁

155 桃とライムのスープ

154 夏野菜のみそ汁

156 黒糖豆腐

150 豆腐と古漬けの水茶漬け

味つけはせず、漬物の塩味と酸味だけでどうぞ。夏バテ気味の胃にじんわりと染み入る素朴なおいしさです。浅漬けや野菜の塩もみでも。

〈材料〉2人分
・豆腐(お好みのもの、さいの目切り)100g
・なす、きゅうり、にんじんなどの古漬け(さいの目切り)適量
・冷やご飯 茶碗2杯分(300g)
・しょうが(すりおろす)適量

1 冷やご飯を茶碗によそう。
2 鍋に豆腐と水300㎖を入れて火にかける。沸騰寸前に火を止め、1にかける。
3 古漬けをのせ、しょうがを添える。

151 夏野菜のしょうゆ漬けご飯

しょうゆでしんなりした野菜は絞らずに、そのままお召し上がりください。あっさりしていて、驚くほど食が進むご飯です。

〈材料〉作りやすい分量
・きゅうり 2本(300g)
・なす 2個(140g)
・みょうが 3個
・ご飯 適量
・七味とうがらし 適量
・濃口しょうゆ 大さじ2

1 なすとみょうがは縦半分に切って斜めに薄切りにする。きゅうりは薄切りにする。
2 1をボウルに入れ、濃口しょうゆを回しかけ、七味を振ってざっくりとあえ、10分ほど置く。
3 茶碗にご飯をよそい、2を盛る。

152 いわしのつみれ汁

いわしは下処理の済んだ開いたものを使い、手軽に作れるレシピにしました。小骨も気にせずフードプロセッサーにかけるのみ。豆腐の水切りも不要で、いわしの旨みでだし要らずです。

〈材料〉2人分
・いわしの開き 5尾(正味150g)
・大根(いちょう切り)50g
・九条ねぎ 1本
・木綿豆腐 50g
・しょうが 1/2かけ
・みそ 適量

1 いわしは皮を取り、フードプロセッサーに豆腐・九条ねぎ1/2本・しょうが・みそ小さじ1とともに入れて撹拌する。
2 鍋に水500㎖と大根を入れて火にかける。やわらかくなったら1をスプーンですくって落とし入れる。つみれに火が通ったらみそ適量を溶き入れて味をととのえ、汁椀によそう。
3 九条ねぎの残りを小口切りにし、2に飾る。

153 きゅうりと焼き鮎の冷や汁

焼き鮎は市販のもので十分です。そのほかの焼き魚でも好相性です。ご飯やそうめんにかけたりと万能なお汁です。

〈材料〉2人分
・焼き鮎 1尾
・きゅうり 1本(150g)
・木綿豆腐(一口大に切る)100g
・豆乳 100㎖
・だし 250㎖
・白みそ 大さじ2強(40g)
・いりごま 適量

1 ボウルに豆乳・だし・白みそを入れてよく混ぜ、豆腐を入れ、冷蔵庫で冷やす。
2 きゅうりは3等分の長さに切り、縦に3㎜ほどの薄切りにしてから細切りにし、たっぷりの熱湯でサッとゆで、ざるに上げて冷ます。焼き鮎は頭と尾びれを落とし、骨から身を外してほぐす。
3 汁椀に1をよそい、2を盛り、いりごまを振る。

154 夏野菜のみそ汁

残ったら冷蔵庫で冷やして翌日はあつあつのご飯にかけて冷や汁にするのもおすすめです。

〈材料〉作りやすい分量
・きゅうり 1本(150g)
・なす 1個(70g)
・しいたけ 1個
・木綿豆腐(さいの目切り) 150g
・油揚げ 50g
・しょうが(すりおろす) 適量
・だし 1ℓ
・みそ(お好みのもの) 適量
・すりごま 適量

1 きゅうりとなすは縦半分に切って薄切りに、しいたけは石づきを落として軸は割き、笠は薄切りに、油揚げは縦に3等分にして端から千切りにする。鍋に入れてだしを注ぎ、火にかける。
2 やわらかくなったら豆腐を入れ、温まったら火を止め、みそを溶き入れる。
3 食べる直前に温め直し、茶碗によそい、すりごまを振ってしょうがを添える。

155 桃とライムのスープ

キリッと冷やしてどうぞ。ライムの絞り汁はお好みで加減してください。岩塩のカリッとした食感もいいアクセントです。

〈材料〉2人分
・白桃 1個
・ライム 1個
・無糖ヨーグルト 200g
・岩塩 ひとつまみ

1 ボウルにライムの絞り汁大さじ2と白桃の果肉を入れてよくあえる。
2 フードプロセッサーに**1**と無糖ヨーグルトを入れてなめらかになるまで撹拌し、器に盛る。
3 ライムの皮をおろし金などで削り、**2**の上に振りかけ、岩塩を添える。

156 黒糖豆腐

四角く切るので〝豆腐〟と名づけました。夏になると毎年教室の生徒のみなさんが「そろそろですね?」と待ちわびてくださる涼しげなスイーツです。

〈材料〉4人分
・牛乳 400㎖
・黒糖 120g
・板ゼラチン(水に5分ほど浸けて戻す) 6枚(9g)

1 鍋に黒糖と水100㎖を入れて火にかけ、溶かす。
2 戻したゼラチンを**1**に入れ、完全に溶けたら牛乳を注いでよく混ぜ、ざるで漉す。型に流し入れ、冷蔵庫で冷やし固める。
3 四角に切って器に盛り、牛乳(分量外)を適量かける。

九月

長月《ながつき》

端境期はいちじく、ぶどうなどのおいしい果物が店先で目を惹きますね。それに晩夏に仕込んだしば漬け、高野豆腐やひじきなどの乾物が大活躍するのがこの9月。秋の実りを待ちわびつつ、ないならないなりに目の前にある食材であれこれおかずを考える。まさに腕の見せ所ではありませんか。使いましょうよ乾物。この時こそ！　なんて偉そうなことを言いつつも、棚の隅に封を開けたままの切り干し大根などの乾物が早よ使わんかと言わんばかりに視線をチクチク送っていらっしゃることもしばしば。高野豆腐は水で戻したら両手で「拝みしぼり」してきちんと水気を切るのがコツ。ひじきは油と馴染ませるとコクが出てさらにおいしくなりますよ。

「果物を普段から食べてきた家系ではないのであまり好んで買わなくて」というお声をよく耳にするのですが、「この甘さや酸味がね、お酒のアテにちょうどいいのよ」と言うと「なるほど」と果物への見方をコロッと変えて普段使いしてくださるようになったんですから、食べず嫌いも物は言いようだなぁ。

野菜の餃子

158

高野豆腐の詰め物

159

なすのごま塩炒め

157

野菜の餃子

餃子の皮の代わりに野菜を使いました。タネはポリ袋に入れ、空気を抜いて冷蔵庫で2日ほど持ちます。なすやレタス、塩もみした大根でもOK。もちろん餃子の皮で包んでも。

〈材料〉作りやすい分量(約70個)
・豚こま切れ肉 200g
・キャベツ 1/2玉(600g)
・にら 1束(100g)
・好みの野菜 適量(ここではしいたけ小6個、青じそ6枚、細めのれんこんなど70gほど)
・青ねぎ 1/2本
・しょうが(すりおろす) 小さじ1(6g)
A ・濃口しょうゆ、米酢 各大さじ1
・塩 小さじ1
・片栗粉 適量
・太白ごま油 大さじ1

1 豚肉と塩小さじ1/2をフードプロセッサーに入れ、粘りが出るまで撹拌し、ボウルに移す。
2 空いたフードプロセッサーにキャベツ・にら・青ねぎを入れて撹拌し、別のボウルに移し、残りの塩を加えてよくもむ。しんなりしてきたら水気をきっちりと絞って1に入れ、しょうがと太白ごま油を加えてよく混ぜる。
3 しいたけは軸を落とし、れんこんはスライサーなどで薄切りにする。しいたけの笠の裏側、青じその表面、れんこんの片面に薄く片栗粉をはたき、1を大さじ1ほど塗る。
4 フライパンに太白ごま油(分量外)を薄く引き、3のタネを下にしておき、ふたをして蒸し焼きにする。途中ひっくり返して中まで火を通し、皿に盛る。Aを添える。

158

高野豆腐の詰め物

たっぷりと肉詰めした高野豆腐は、崩さないように紙ぶたを作って覆い、触らないように静かに煮てください。

〈材料〉2人分
・鶏むねひき肉 100g
・オクラ 3本
・長いも(すりおろす) 20g
・にんじん 15g
・干ししいたけ(100mℓのぬるま湯で戻す) 1個
・高野豆腐 2個(34g)
・しょうが 1/2かけ
・しょうが(絞り汁) 小さじ1(5g)ほど
A
・薄口しょうゆ 大さじ1
・みりん 大さじ1/2
・塩 ひとつまみ

1 高野豆腐は水で戻し、やわらかくなったら両手で挟んで絞り、筒状になるよう横から切り込みを入れる。オクラは粗塩(分量外)で板ずりし、熱湯でサッとゆで、2本は飾り用として適当な大きさに切る。
2 フードプロセッサーに1の干ししいたけ・鶏肉・長いも・オクラ1本・にんじん・しょうが・塩を入れて撹拌し、2等分にして高野豆腐の中に詰める。
3 鍋に干ししいたけの戻し汁・A・水400mℓを入れて火にかけ、沸騰したら2をそっと並べて紙ぶたをし、15分ほど弱火で煮る。仕上げにしょうがの絞り汁を入れて火を止め、高野豆腐を半分に切って器に盛り、オクラを飾り、煮汁を張る。

159

なすのごま塩炒め

なすは先に油を絡ませてから炒めると、少ない油でムラなく火が通りますよ。あっさりとごま塩だけ、が新鮮です。

〈材料〉2人分
・なす(縦半分に切り斜め薄切り) 2個(140g)
・塩 適量
・いりごま 適量
・ごま油 大さじ1

1 フライパンになすを入れ、ごま油を回しかけてざっくり混ぜ、絡んだら火にかける。しんなりするまで炒め、塩といりごまを振り、器に盛る。

160
れんこん餅の春巻き

161
大豆の白あえ

160 れんこん餅の春巻き

1人分が大きいので、焼く時は一つずつ。れんこん餅はあらかじめ火を通しているので、春巻きの皮がカリッとしたら完成。おもてなしにもぴったり。

〈材料〉2人分
・れんこん(すりおろす)100g
・しいたけ(縦半分に切る)1個
・青じそ 2枚
・春巻きの皮 2枚
・小麦粉 小さじ1(同量の水で溶く)
・オリーブ油 大さじ3(加減をみて追加)

1 オリーブ油を引いたフライパンにれんこんを入れて火にかけ、よく混ぜてモチモチになるまで練る。

2 春巻きの皮に1を半分塗り、青じそ・しいたけの順にのせ、半分に折りたたみ、端を小麦粉で留める。

3 オリーブ油を入れたフライパンで両面がこんがりするまで揚げ焼きにし、皿に盛る。好みでからしじょうゆ(分量外)などを添える。

161 大豆の白あえ

木綿豆腐は水切りせずそのままお使いください。大豆×大豆の組み合わせが食べごたえ十分。

〈材料〉2人分
・木綿豆腐 200g
・大豆(水煮)80g

A
・ねりごま 小さじ2
・砂糖 小さじ1
・薄口しょうゆ 小さじ1／4

・黒こしょう 適量

1 フードプロセッサーに木綿豆腐とAを入れ、なめらかになるまで撹拌し、ボウルに移す。

2 1に大豆を加えて優しく混ぜ、器に盛り、黒こしょうを振る。

162

さんまとしょうがの煮つけ

163

鶏のから揚げ みょうがソース

164 れんこんのステーキ

165 ミニトマトのすだちあえ

166 パプリカのぬた

167 枝豆の紹興酒漬け

162

さんまとしょうがの煮つけ

圧力鍋を使うことで、骨までやわらかい煮つけが手軽に作れます。実山椒はなくても構いませんよ。

〈材料〉2人分

・さんま 2尾(300g)
・しょうが(千切り) 1かけ
・実山椒(水煮でも可) 大さじ1
A
・酒 100mℓ
・濃口しょうゆ、みりん 各大さじ2
・砂糖 大さじ1/2

1 さんまは流水でよく洗い、頭と尾びれを落とし、4等分に筒切りし、内臓を取りのぞく。

2 圧力鍋に水100mℓ・実山椒・Aを入れて火にかけ、沸騰したら1を重ならないように並べてふたをする。シューッという音がしたら火を弱め、15分圧力をかけて火を止める。

3 ピストンが落ちたらふたを開け、皿に盛り、しょうがを添える。

163

鶏のから揚げ みょうがソース

鶏に下味をつけているので、ソースの調味料は少量で大丈夫。紹興酒がなければ日本酒でも作れます。

〈材料〉2人分

・鶏もも肉(角切り) 1枚(250g)
・みょうが(みじん切り) 2個
A
・濃口しょうゆ、紹興酒 各小さじ2
B
・濃口しょうゆ 大さじ1
・米酢 小さじ1
・片栗粉 適量
・揚げ油 適量

1 ボウルに鶏肉とAを入れて軽くもみ、しばらくおく。

2 別のボウルにみょうがを入れてBを加え、絡めるように混ぜる。

3 1に片栗粉をまぶし、180℃の油でカラリとするまで揚げ、器に盛り、2を添える。

164

れんこんのステーキ

バルサミコ酢の甘みに応じて、砂糖の量を加減してください。れんこんは分厚く切ると加熱時間が変わってきます。火が通るまで気長に焼いて。

〈材料〉2人分

・れんこん 60g
A
・バルサミコ酢 大さじ1
・濃口しょうゆ 小さじ2
・砂糖 適量
・岩塩 適量
・オリーブ油 小さじ2

1 れんこんは皮つきのまま1cm幅の輪切りにする。

2 フライパンにオリーブ油を入れて火にかけ、1を置く。シュワシュワと音がしてきたら水大さじ2を入れてふたをし、4分ほど蒸し焼きにする。水分がある程度飛んだらひっくり返し、ふたを開けたまま4分ほど焼き、こんがりしたら皿に盛る。

3 空いたフライパンにAを注いで火にかけ、とろりとしたら2にまわしかけ、岩塩を振る。

165 ミニトマトのすだちあえ

すだちは丸ごと1個、ギュッと絞って。意外とごま油の風味と相性がいいんです。

〈材料〉4人分

・ミニトマト(縦半分に切る) 15個
・みょうが(縦半分に切って千切り) 2個
・すだち(絞り汁) 1個分
・生湯葉(食べやすい大きさに切る) 適量

A
・しょうが(すりおろす) 小さじ1(5g)
・ごま油 小さじ2
・塩 ひとつまみ

・いりごま 適量

1 すだちの絞り汁をボウルに入れ、**A**を加え、よくなじませる。

2 ミニトマト・生湯葉・みょうがを**1**に入れ、いりごまを加え、ざっくりとあえる。

166 パプリカのぬた

パプリカの甘さとみずみずしさがぬたの酸味ととてもよく合います。からしはツンと効かせて。パプリカはクタクタになるまで気長に焼いてくださいね。

〈材料〉作りやすい分量

・パプリカ(好みの色のもの) 2個(160g)

A
・白みそ 大さじ2
・米酢 大さじ1
・溶きがらし 適量

・いりごま 適量

1 パプリカはまるごとオーブンに入れ、200度で35分ほど焼く。

2 焦げ目がつき、薄皮にシワがよるくらい焼けたら取り出し、ボウルに受けて冷ます。ヘタと種を取って薄皮をむき、手で適当な大きさに割き、皿に盛る。パプリカから出た汁は取っておく。

3 別のボウルに**A**とパプリカから出た汁大さじ1を入れてよく混ぜ、**2**にかけ、いりごまを振る。

167 枝豆の紹興酒漬け

黒枝豆や大豆の水煮などでもお試しください。漬けた状態で冷蔵庫で3日ほど保存できます。お酒がついつい進んでしまいますよ。

〈材料〉作りやすい分量

・枝豆 1袋(250g)

A
・しょうが(みじん切り) 小さじ1(4g)
・花椒《ホワジャオ》(粒) 小さじ1
・紹興酒 200mℓ
・濃口しょうゆ 50mℓ
・赤とうがらし 1/2本

・粗塩 小さじ1

1 鍋に**A**を入れて火にかけ、沸騰したら火を止めて冷ます。

2 枝豆の両端をはさみで切り、粗塩をまぶして板ずりし、熱湯で好みのやわらかさになるまでゆで、ざるに上げ、**1**に漬ける。

3 **2**を冷蔵庫で冷やし、味が浸みたら器に盛る。

168
ひじきとれんこんのいなり巻き

169
さんまのとも肝焼き

170
秋野菜のパプリカみそ田楽

168 ひじきとれんこんのいなり巻き

具が横からこぼれないように、両端は空けて包むとうまくまとまります。長ひじきで作っても。

〈材料〉作りやすい分量
・れんこん 25g
・油揚げ 100g
・赤こんにゃく(なければ黒板こんにゃく) 10g
・乾燥ひじき 約10g
・しょうが(みじん切り) 小さじ1(4g)
A
・だし 400mℓ
・みりん、砂糖、濃口しょうゆ 各大さじ1
・濃口しょうゆ 大さじ1/2
・ごま油 大さじ1/2

1 ひじきはざるに入れて流水で洗い、たっぷりの水に浸けて戻し、水気をきっちりと切る。れんこんは千切りに、赤こんにゃくは熱湯でサッとゆでて水に取り、千切りにする。
2 フライパンにごま油を引いてしょうがを炒め、1を加えてざっくりと炒め、油が回ったら濃口しょうゆを回しかけてよく混ぜ、火を止めて冷まし、4~5等分する。
3 油揚げを縦に裂いて開き、ひじきを巻ける長さに4~5等分に切り分ける。油揚げの両端を少し空けて2を棒状に置き、きっちりと巻いて端をつまようじで留め、鍋に並べる。
4 落としぶたをし、Aを注ぎ入れて火にかけ、沸騰したら火を弱めて煮汁が半量以下になるまで15分ほど煮る。
5 一口大に切り、器に盛る。

169 さんまのとも肝焼き

肝をソースにしたコクのあるおかずです。煮絡める時に焦げないよう、一度フライパンをぬれふきんの上などに置いてから調味料を注ぐと安心です。

〈材料〉4人分
・さんま 2尾(300g)
・すだち(横半分に切る) 1個
A
・しょうが(すりおろす) 大さじ1(15g)
・濃口しょうゆ、酒 各大さじ1
・片栗粉 適量
・太白ごま油 大さじ3

1 さんまの頭と尾びれを落とし、4等分に切り、内臓を取り出して包丁でたたき、ボウルに入れ、Aを加えてよく混ぜる。
2 身の部分は水気をペーパータオルで拭き取り、片栗粉をまぶす。
3 フライパンにごま油を入れて火にかけ、2をおき、両面がこんがりと焼けたらペーパータオルなどで余分な油を拭き取り、1を注いで手早く絡め火を止める。器に盛り、すだちを添える。

170 秋野菜のパプリカみそ田楽

田楽みそは余ったら冷蔵庫で1週間、冷凍庫で1カ月保存できます。

〈材料〉作りやすい分量
・秋の野菜(かぼちゃ、里いも、れんこんなどお好みのもの) 適量
・パプリカ 2個
・八丁みそ 大さじ2強(40g)
・白みそ 大さじ2強(40g)

1 野菜は一口大に切り、パプリカとともに200度のオーブンで30分ほど焼く。野菜は火が通ったものから器に盛る。
2 パプリカはボウルに移して汁を受け、種とヘタを取って汁ごとフードプロセッサーで撹拌する。
3 2を鍋に移し、八丁みそと白みそを加えて火にかける。みそが溶けて艶が出るまで練り、温まってぽってりとした質感になったら火を止め、1にかける。

171
鰹とぶどうのぽん酢あえ

172
おかずきのこ

173
きゅうりと梅干しのスープ

171

鰹とぶどうのぽん酢あえ

鰹は今回はさくを使いましたが、すでにスライスされているものを使うとさらにお手軽ですね。鰹以外にもお好みの秋の魚の刺し身でお試しください。

〈材料〉2人分
・鰹のたたき 150g
・ぶどう(お好みのもの) 10粒
・みょうが 3個
・青ねぎ(小口切り) 1/2本分
A
・ぽん酢 大さじ1
・オリーブ油 小さじ1
・しょうが(すりおろす) 小さじ1(6g)

1 鰹のたたきは好みの厚さにスライスする。みょうがは斜めに薄切りにする。ぶどうは皮つきのまま縦半分に切り、種があれば取り除く。
2 大きめのボウルにAを入れてよく混ぜ、1と青ねぎを加えてざっくりと混ぜ、器に盛る。

172

おかずきのこ

ご飯やそばのほか、焼魚に添えたり、ゆでた野菜とあえたりとアレンジ自在です。秋は冷蔵庫にぜひ常備してみてください。

〈材料〉作りやすい分量
・えのきだけ 1袋(100g)
・白まいたけ 1パック(100g)
・なめこ 100g
・マッシュルーム 6個(100g)
・大根(すりおろす) 適量
・貝割れ菜(長さ1cmに切る) 適量
・ちりめんじゃこ 20g
A
・酒 100mℓ
・濃口しょうゆ 50mℓ
・みりん 30mℓ

1 えのきだけは根元を切り落として長さ2cmに切り、手でほぐす。白まいたけは食べやすい大きさに手で割く。なめこはサッと洗い、ざるに上げて水気をきっちりと切る。マッシュルームは4等分のくし切りにする。
2 鍋にAとちりめんじゃこを入れて火にかけ、沸騰したら1を加えてざっくりと混ぜ、中火に近い弱火で煮詰める。
3 ある程度水分がなくなってきたら火を止めて器に盛り、大根おろしと貝割れ菜を添える。

173

きゅうりと梅干しのスープ

きゅうりを煮ると生では得られない味わいで食べやすく、後をひきますよ。晩夏の楽しみのひとつなスープです。

〈材料〉作りやすい分量
・きゅうり 3本(450g)
・鶏むねひき肉 50g
・梅肉 1個分
・青ねぎ(小口切り) 適量
A
・だし 800mℓ
・酒 大さじ1
・薄口しょうゆ 小さじ1/2
・しょうが(すりおろす) 大さじ1(18g)

1 きゅうりはピーラーで皮をむき、縦半分に切って種をスプーンで取り除いて2cm幅に切る。
2 鶏肉・1・Aを鍋に入れて火にかけ、やわらかくなるまで煮て火を止める。
3 フードプロセッサーに2の具のみを入れ、薄口しょうゆ・しょうが・梅肉を入れて粗く撹拌し、2の煮汁と合わせてボウルに移し、ねぎを加えて冷蔵庫で冷やす。
4 器によそい、好みでおろししょうが(分量外)を添える。

一口鯖寿司

175
しば漬けと油揚げの炊き込みご飯

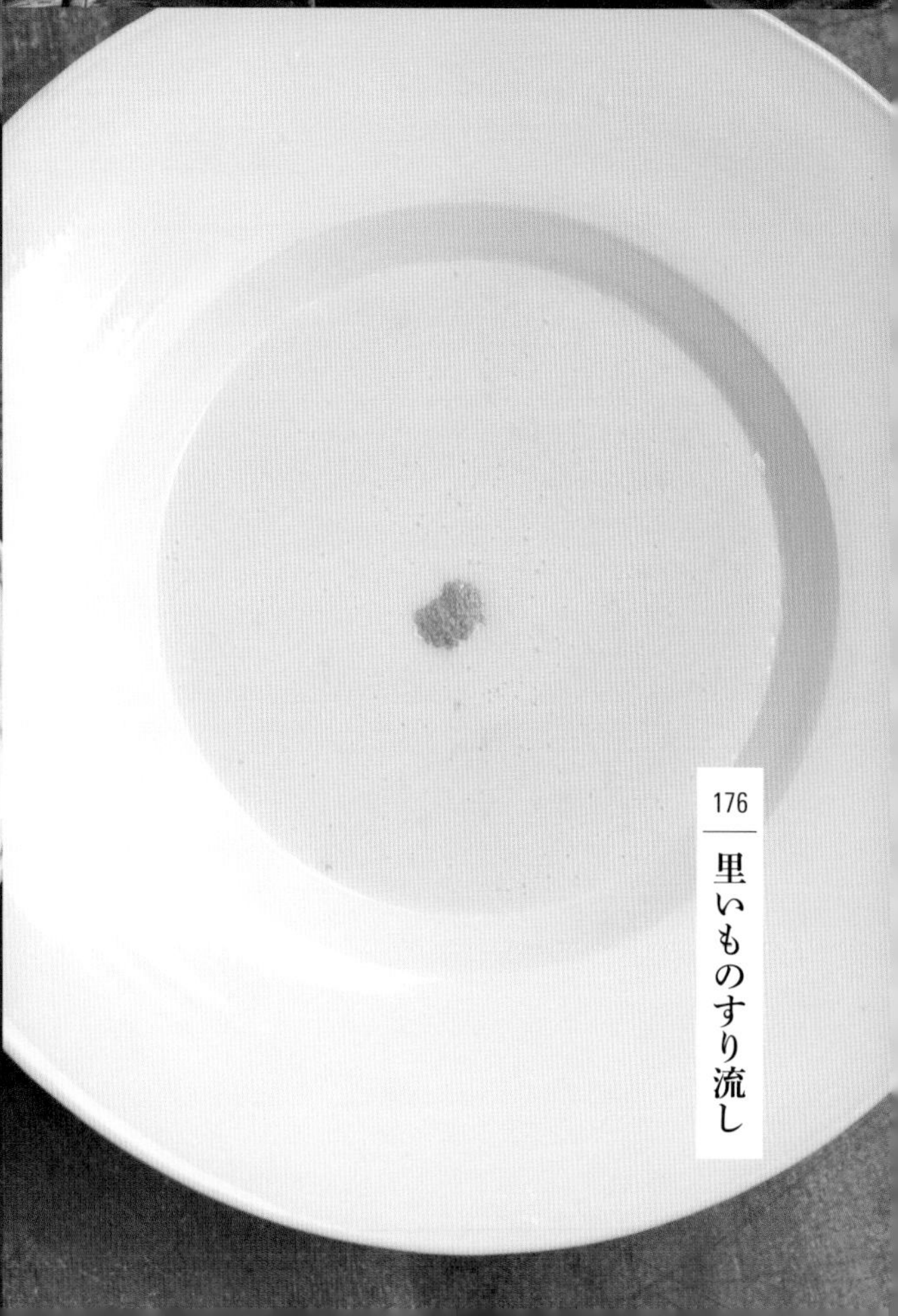

176
里いものすり流し

177
シャインマスカットのオーブン焼き

178
いちじくの赤ワインコンポート

174

一口鯖寿司

生鯖ではなく塩鯖で手軽に。さらしや巻きすを使わず、パパッと丸めてのせるだけの簡単鯖寿司です。行楽弁当にもぜひ。

〈材料〉2人分(約10貫)
・塩鯖 片身
・白米(洗ってざるに上げ、30分置く) 1合
・すだち 1個
A ・米酢 大さじ2
　・砂糖 大さじ1／2
　・塩 小さじ1
・米酢 100㎖
・昆布 10㎝×5㎝(5g)

1 塩鯖の腹骨を包丁でそぎ取り、小骨を骨抜きなどで抜く。

2 **1**をペーパータオルで包み、米酢を回しかけて半日ほどおき、薄皮をはぎ、薄いそぎ切りにする。

3 炊飯器に白米を入れ、適量の水を目盛りのところまで注ぎ、昆布を刺し入れて炊く。炊けたら寿司桶などに移して熱いうちに**A**を回しかけ、手早く混ぜる。

4 **3**が冷めたら一口大に丸め、**2**をのせる。好みですだちを絞ったり、濃口しょうゆ(分量外)を添える。

175

しば漬けと油揚げの炊き込みご飯

香ばしく焼いた油揚げを炊き込むと、お肉の代わりになるほど満足感があります。しば漬け以外にも、すぐき漬けや高菜漬けなどでお試しください。

〈材料〉作りやすい分量
・白米(洗ってざるに上げ、30分置く) 2合
・油揚げ 50g
・しば漬け(みじん切りのもの) 40g
・九条ねぎ(小口切り) 適量
・しょうが(すりおろす) 適量
・昆布 10㎝×5㎝(5g)
・いりごま 適量

1 油揚げは魚焼きグリルやトースターで焦げ目がつくまで両面を焼き、縦4等分に切り、端から細かく千切りにする。

2 炊飯器に白米を入れ、適量の水を目盛りのところまで注ぎ、昆布を刺し入れ、**1**を加えて炊く。

3 ご飯が炊けたらしば漬け・九条ねぎ・しょうがを加えてざっくりと混ぜて茶碗によそい、九条ねぎと好みでおろししょうがをさらにのせ、いりごまを振る。

176

里いものすり流し

里いもの甘みに白みそが寄り添い、とても優しい味わいです。朝食にするのもいいですね。

〈材料〉2人分
・里いも 10個(200g)
・ゆずの皮 適量
・だし 300㎖
・白みそ 大さじ2

1 里いもはゆでて皮をむき、フードプロセッサーに入れ、だし100㎖を注いでなめらかになるまで撹拌する。

2 白みそとだし200㎖を加えてさらに撹拌し、全体がなじんだら鍋に移し、火にかける。

3 温まったら器によそい、ゆずの皮を飾る。

177
シャインマスカットのオーブン焼き

低温のオーブンでじーっくり水分を飛ばしていきます。甘くてとろっとしていて、ワインのおつまみにもなりますよ。

〈材料〉作りやすい分量
・シャインマスカット 1房
・青カビチーズ 適量

1 100℃に熱したオーブンで房ごと1時間ほど焼く。
2 器に盛り、青カビチーズを添える。

178
いちじくの赤ワインコンポート

崩れないよう皮つきのまま煮ます。カルダモンはなくてもおいしく作れます。冷蔵庫で保存し、1週間で食べ切ってください。

〈材料〉作りやすい分量
・いちじく 5個
・無糖ヨーグルト 適量
A
・赤ワイン 400mℓ
・てんさい糖 大さじ3
・カルダモン(ホール) 1粒

1 いちじくは軸を切り落とし、ほうろうなどの鍋に並べ、**A**を注ぎ、ペーパータオルなどで紙ぶたをして火にかける。沸騰したら中火に近い弱火にして40分ほど煮る。
2 煮汁がとろりとしたら火を止め、冷めるまで置いて冷蔵庫で冷やす。
3 器に盛り、好みでヨーグルトを添え、煮汁をかける。

十月

神無月

かんなづき

新米が安曇野から届く頃、もうソワソワしちゃっていてもたってもいられなくなります。お台所でひやおろし片手にお鍋の中をじーっと覗いておかずが煮えるをニヤニヤ待つのも秋の夜長だからこそ。「長芋の黄《こ》金《がね》焼き」（169ページ）はしょうゆの香ばしさに炊きたてご飯がほしくなります。あぁ食欲の秋。

　ようやく肌寒くなってきたこの時期はいろんな葉野菜が出回りはじめます。チンゲンサイのシャキッとした歯ごたえ、小松菜の青さ、壬生菜のほろ苦さ、九条ねぎの辛み。どれもがそれぞれの主張をしっかりしはじめた頃、これらをお鍋に一緒に入れてサッと煮て作る煮浸しが我が家の定番。これはいろんな葉野菜を専門とする農家さんから教えてもらったレシピなんですが、それぞれの個性がお互いを補い合い、とても味わい深いんです。この時季は季節の葉野菜の煮浸しを冷蔵庫に常備して、小鉢にちょこっと盛りつけ、冷酒とともに食卓へ。「これでもつまんでお魚が焼けるのちょっと待ってて」。秋のお台所、まさに大人が楽しむ場ですね。

黒豆納豆・まいたけ・三つ葉のかき揚げ

180

れんこんひろうす

181

甘鯛の酒蒸し

179

黒豆納豆・まいたけ・三つ葉のかき揚げ

多めの油で揚げ焼きするので手軽です。まいたけ以外にも、さまざまなきのこで秋を感じてください。

〈材料〉2人分
- 黒豆納豆(普通の納豆でも可) 1パック
- まいたけ(手で割く) 1／2株
- 三つ葉(長さ3cmに切る) 1束(60g)
- 塩 適量
- 小麦粉 大さじ2(同量の水で軽く溶く)
- 揚げ油 適量

1 納豆をボウルに入れ、菜箸などで軽くほぐす。まいたけと三つ葉を加え、小麦粉を入れてざっくりと混ぜる。

2 フライパンに多めの油を引き、**1**をスプーンで適量すくってフライパンに広げ、カリッとするまで両面を揚げ焼きする。

3 皿に盛り、塩を振る。

180

れんこんひろうす

れんこんはきちんと火が通るような大きさを意識して切ってください。れんこんがなければ長いもでも。余ったらおだしで甘辛く煮るのもおすすめです。

〈材料〉作りやすい分量(12個分)
- 木綿豆腐 400g
- れんこん(2cm角に切る) 65g
- 三つ葉 1束(60g)
- 大和いも 50g
- にんじん(千切り) 20g
- 干ししいたけ(100mℓのぬるま湯で戻して千切り) 2個
- 生きくらげ 30g

A ・薄口しょうゆ、みりん 各小さじ1
- 揚げ油 適量

1 れんこん・にんじん・干ししいたけを鍋に入れ、戻し汁100mℓと**A**を注いで野菜がやわらかくなるまで煮て火を止め、汁ごと冷ます。

2 きくらげはかたいところを落として千切り、三つ葉は長さ2cmに切る。大和いもはすりおろす。

3 木綿豆腐は重石をして水気をきっちり切る。フードプロセッサーに入れてなめらかになるまで撹拌し、ボウルに移して汁気を切った**1**と**2**を加えてよく混ぜる。

4 手に油(分量外)をつけて12等分して丸め、150℃の油で揚げる。きつね色になったらバットに上げ、皿に盛り、お好みでからしじょうゆ(分量外)を添える。

181

甘鯛の酒蒸し

湯気とともにあつあつをいただく〝ぐじ(甘鯛)〟の味は格別です。鯛などの新鮮な白身魚の頭でも作ってみてください。

〈材料〉作りやすい分量
- 甘鯛の頭 1尾分
- 絹ごし豆腐 100g
- 春菊 1／4束(50g)
- 塩 小さじ1／2
- 酒 大さじ1
- 昆布 5×10cm(5g)
- ポン酢 適量

1 甘鯛に塩を振って15分置き、熱湯をかけて霜降りにし、冷水にとってうろこや血などを洗い、水気をペーパータオルで拭き取る。

2 器に昆布を敷き、**1**をのせ、酒を振りかける。蒸気の上がった蒸し器に入れ、12分ほど蒸す。途中、豆腐と春菊を入れて火を通す。

3 蒸し器から出し、ポン酢を添える。

182 豚ひれと玉ねぎのゆず南蛮

183 鯖のみそ煮

184 栗つくね

182

豚ひれと玉ねぎのゆず南蛮

とてもさっぱりとした南蛮酢です。酸っぱい味がお好みの場合は、ゆずの果汁を増やして。

〈材料〉4人分
- 豚ひれブロック肉 400g
- 玉ねぎ(薄切り) 1個(200g)
- ゆず(絞り汁) 大さじ2
- ゆず(薄切り) 5枚ほど
- 菊花(あれば) 適量
- A
  - だし 400mℓ
  - みりん 90mℓ
  - 薄口しょうゆ 大さじ2
  - 赤とうがらし 1/2本
- 塩 適量
- 片栗粉 適量
- 揚げ油 適量

1 鍋に**A**と玉ねぎを入れて火にかけ、沸騰したらすぐに火を止める。ゆずの絞り汁を加えて冷まし、薄切りのゆずを浸す。

2 豚肉は1cm幅に切り、軽く塩を振り、片栗粉を薄くまぶす。

3 フライパンに多めの油を入れ、**2**を両面こんがりするまで揚げ焼きし、**1**にしばらく浸す。

4 器に盛り、**1**の汁を張り、菊花を飾る。

183

鯖のみそ煮

みそが焦げないように、火加減に注意して煮てください。白ご飯が進みますよ。

〈材料〉作りやすい分量
- 鯖片身1枚(140g)
- しょうが(千切り、皮も使う) 1かけ
- 塩小さじ1/2
- 酒 200mℓ
- **A** ・みりん、砂糖、みそ 各大さじ2

1 鯖に塩を振り、表面に水気が出てきたら皮に十文字に隠し包丁を入れ、熱湯の中にくぐらせる。表面が白くなったら網じゃくしですくい上げて冷水に入れて表面を洗い、ペーパータオルなどで水気を拭き取る。

2 鍋に酒・水50mℓ・しょうが(皮も)を入れて火にかけ、沸騰したら**1**を入れ、紙ぶたをして中火に近い弱火で5分ほど煮る。

3 **A**を入れてさらに7分ほど煮て煮汁がとろりとしたら火を止める。

4 器に盛り、煮汁を軽くかける。

184

栗つくね

ゆで栗が少し余ったらこんなおかずにも。ほのかに栗の甘みを感じるこの時季ならではのつくねです。

〈材料〉2人分
- 鶏むねひき肉 100g
- ゆで栗 2個
- 玉ねぎ 1/8個(25g)
- 青ねぎ 適量
- 塩 ひとつまみ
- 濃口しょうゆ、からし 各適量
- 揚げ油 適量

1 栗は皮をむいて粗く刻む。青ねぎは小口切り、玉ねぎはみじん切りにする。

2 ボウルに鶏肉と塩を入れて粘りが出るまで練り、**1**を入れてざっくりと混ぜる。6等分して丸め、180℃の油できつね色になるまで揚げる。

3 器に盛り、濃口しょうゆとからしを混ぜたものをかける。

185

みょうが入りきんぴら

187

ほうれん草のくるみあえ

186

長いもの黄金《こがね》焼き

188

水菜とえのきだけの煮浸し

185

みょうが入りきんぴら

みょうがの辛みが加わることで今までのきんぴらとは一味違う味わいに。さっぱり味に仕上げましたが、お好みで砂糖を加えてもいいでしょう。

〈材料〉作りやすい分量
・れんこん 200g
・ごぼう 100g
・にんじん 20g
・みょうが 3個
A ・濃口しょうゆ、みりん、酒 各小さじ2
・赤とうがらし 1／2本
・いりごま 適量
・ごま油 大さじ1

1 れんこんはいちょう切りに、ごぼうとにんじんはささがきにする。みょうがは縦半分に切って斜めに薄切りにする。
2 フライパンにごま油を引き、赤とうがらしを入れて炒める。しばらくしたらごぼうを炒め、油が回ったられんこんとにんじんを入れて炒める。
3 火が通ったら、フライパンの真ん中を空け、そこにAを注いで手早く混ぜる。水分が飛んだら火を止め、いりごまとみょうがを加えてざっくりと混ぜ、器に盛る。

186

長いもの黄金《こがね》焼き

じっくり時間をかけて焼くことで、生とは違うほっくりとした質感に。たれが焦げないように温度調整するため、あらかじめぬれふきんの用意を。

〈材料〉2人分
・長いも 240g
・ごま油 大さじ1
A ・濃口しょうゆ、酒、砂糖 各大さじ1／2
・一味とうがらし 適量

1 長いもは皮つきのまま1cm幅の輪切りにする。
2 フライパンにごま油を引いて火にかけ、1をおき、ふたをして中火に近い弱火で4分焼く。
3 ひっくり返して再度ふたをし、さらに4分焼き、こんがりとしたらぬれふきんの上に置き、Aをまわしかけて手早く絡める。たれがとろりとしたら皿に盛り、一味を振る。

187

ほうれん草のくるみあえ

ねりごまとはまた違った香ばしさ！　ぜひ味わっていただきたい秋の一品です。くるみをからいりするときは、こがさないようによく混ぜて。

〈材料〉4人分
・ほうれん草 1束(200g)
・生麩(さいの目切り) 80g
・くるみ(細かく刻む) 40g
・干ししいたけ(150mℓのぬるま湯で戻す) 2個
A ・みりん、濃口しょうゆ 各大さじ1
・砂糖 小さじ2
・濃口しょうゆ 小さじ1

1 ほうれん草は熱湯でゆで、水にさらしてギュッと絞り、長さ2cmに切る。濃口しょうゆをかけてよくあえ、再びギュッと絞る。
2 干ししいたけは軸を外して千切りにし、戻し汁とともに鍋に入れ、生麩とAを加えて火にかける。沸騰したら火を弱めて3分ほど煮て火を止め、粗熱を取る。
3 たれを作る。くるみをフライパンで軽くからいりし、すり鉢でなめらかになるまですり、2の煮汁大さじ2杯ほどを加え、よくなじませる。
4 1と2のしいたけと生麩を3のすり鉢に入れてざっくりと混ぜ、器に盛り、割ったくるみ（分量外）を添える。

188

水菜とえのきだけの煮浸し

水菜の緑とえのきだけの白が映えるお料理です。色合いを生かしたいので、火が通ったらすぐに冷ますと美しく仕上がります。

〈材料〉4人分
・水菜 1束(200g)
・えのきだけ 1袋(100g)
A
・だし 400mℓ
・薄口しょうゆ、酒 各小さじ2
・塩 適量

1 水菜とえのきだけだけは根元を切り、長さ3cmに切る。
2 鍋に**A**を入れて火にかけ、沸騰したら**1**を入れ、しんなりしたら火を止め、冷ます。
3 器に盛り、汁を張る。

189
舞妓さんの焼き飯

190
栗そぼろご飯

191
塩鮭といくらのご飯

192 れんこんと鶏ひき肉のすり流し

194 栗の渋皮煮

193 さつまいものレモン煮

195 梨のはちみつ煮

189

舞妓さんの焼き飯

着物関係の仕事をしていた父がお茶屋さんで食べさせてもらった焼き飯で、油を一切使わずおだしでふっくらパラリと仕上げます。高野豆腐やひじき煮など、残ったお惣菜で作ってみてください。

〈材料〉2人分
・お惣菜 適量(大きいものは細かめに刻む)
・青ねぎ(小口切り)適量
・紅しょうが 適量
・溶き卵 1個分
・ご飯 茶碗2杯分(300g)
・だし(総菜の煮汁でも可)大さじ2(味をみて追加)
・濃口しょうゆ 適量

1 ご飯に溶き卵を入れてざっくりと混ぜる。
2 フライパンに1を入れて火にかける。鍋底をこそげるように混ぜ、パラリとするまで焦がさないように炒める。
3 お惣菜を加えて混ざったら、ご飯粒がほぐれる程度にだしを振りかけ、玉じゃくしの裏で押しつけるようにしてなじませ、味を見て濃口しょうゆで味をととのえ、仕上げに青ねぎを加えてひと混ぜし、火を止める。
3 茶碗などに3を詰めて皿をかぶせ、ひっくり返して茶碗を取り、紅しょうがを添える。

190

栗そぼろご飯

鍋底、鍋肌をよくこそげてダマにならないように手早くかき混ぜて火を通すのがコツです。

〈材料〉2人分
・鶏むねひき肉 200g
・ゆで栗 5個
・ご飯 茶碗2杯分(300g)
・実山椒(水煮)小さじ2
・しょうが(みじん切り)小さじ2(8g)
A
・濃口しょうゆ、砂糖 各大さじ3
・酒 大さじ2

1 ゆで栗は鬼皮と渋皮をむき、粗く刻む。
2 鍋にA・鶏肉・実山椒・しょうが・1を入れ、菜箸などで軽くほぐしてから火にかけ、ほろほろになって汁気がなくなったら火を止める。
3 ご飯を茶碗によそい、2を適量かける。

191

塩鮭といくらのご飯

味つけもだしも不要、炊飯器に入れて炊くだけ。塩鮭の旨みと塩気、いくらのコクだけでいただきます。

〈材料〉作りやすい分量
・塩鮭 1切れ(100g)
・いくら 適量
・三つ葉(長さ3cmに切る)1束(60g)
・白米(洗ってざるに上げ、30分おく)2合
・酒 大さじ1

1 炊飯器に白米と酒を入れ、水適量を目盛りのところまで注ぎ、塩鮭を置き、炊く。
2 炊けたら鮭の骨を取り、三つ葉を入れてざっくりと混ぜ、茶碗によそい、いくらを飾る。

192

れんこんと鶏ひき肉のすり流し

れんこんはすりおろしている途中で欠けたものや端の部分は粗く刻んで使うと、歯ごたえを楽しめ無駄も出ません。

〈材料〉2人分
・れんこん(すりおろす)150g
・鶏むねひき肉 50g
・しょうが(すりおろす)小さじ1(6g)
A
・だし 400mℓ
・酒 大さじ1
・塩 小さじ1/4

1 鍋にれんこん・鶏肉・しょうが・Aを入れてよく混ぜてから火にかけ、沸騰するまで玉じゃくしなどでかき混ぜながら火を通す。
2 とろりとしたら汁椀によそい、しょうが(すりおろす・分量外)を添える。

193 さつまいものレモン煮

細めのさつまいもを使うと、可憐な姿のレモン煮に。くちなしはなくても大丈夫。グラグラ煮ると崩れるので火加減に注意しましょう。

〈材料〉4人分
・さつまいも 細め2本(300g)
・レモン(絞り汁大さじ1を取り、残りは薄切り5枚にする)1個
・くちなしの実 1個
・グラニュー糖 大さじ4

1 さつまいもは皮つきのまま2cm幅の輪切りにする。たっぷりの水に1時間ほどさらし、鍋に入れかぶる程度の水を張り、くちなしを割り入れて火にかける。やわらかくなるまでゆで、くちなしを取り出して湯を捨てる。

2 1に水300mℓ・グラニュー糖入れて火にかけ、沸騰したら火を弱め、レモンの絞り汁を加えて5分ほど静かに煮て火を止める。冷めたらレモンの薄切りを入れ、冷蔵庫で保存する。

3 器に盛り、煮汁を張る。

194 栗の渋皮煮

甘さ控えめなので、おかずになりますよ。栗は渋皮を傷つけないように底に切り込みを入れ、引っ張り上げるように鬼皮をむくといいでしょう。

〈材料〉作りやすい分量
・栗(大きめのもの)10個
・氷砂糖 70g
・ブランデー 適量
・重曹 適量

1 鍋にたっぷりの水を沸かし、火を止めて栗を入れる。粗熱が取れたら水を捨て、鬼皮をむく。

2 鍋に**1**とかぶる程度の水を入れ、重曹小さじ1を加えて火にかけ、沸騰したら火を弱めて10分煮て、湯を捨てる。これを3回ほど繰り返す。竹串の側面を使って渋皮表面をなでるようにして毛羽立ちを取り、流水で洗い流す。

3 別の鍋に**2**を入れ、水400mℓを張り、火にかける。沸騰したら火を弱め、氷砂糖の1/3を加える。氷砂糖が溶けたら残りの半量を入れて煮る。再び氷砂糖が溶けたら、残りの氷砂糖も加え、10分ほど煮て火を止め、冷めるまでおく。

4 好みでブランデーを注ぐ。

195 梨のはちみつ煮

韓国の民間療法で、風邪に良いとされているそうです。熱いうちにスプーンですくって汁ごといただきます。体がポカポカして芯まで温まるのがよくわかりますよ。

〈材料〉2人分
・梨 1個
・しょうが(皮つきのまま薄切り)1かけ
・はちみつ 大さじ5
・粒こしょう 10粒ほど

1 梨は縦半分に切り、断面に粒こしょうを指でグイッと埋め込む。

2 鍋に**1**を入れ、水600mℓ・しょうが・はちみつを加えて火にかけ、沸騰したら火を弱め、途中アクを引きながらやわらかくなるまで30分ほど煮る。

3 器に盛り、煮汁を張る。

十一月

霜月《しもつき》

体って正直だなあ。グッと寒さが深まってくると、自分の口がゆり根やれんこんなどの甘みのある野菜、とろりとべっこう色したあんかけなんかを欲しているのがよくわかります。冬眠する熊のように、自然に冬の備えを始めているのでしょうか。かきがぷくっと膨らんで今にもエキスがじゅわりと出てきそうなところをかぶりつきたい…、そんな欲望からできたのが「かきの酒蒸し」(179ページ)。甘いものも食べたい、でもおかずにもなればいいな…、という欲張りからできた「さつまいものミルクカレー煮」(183ページ)。白菜がたくさん余ってるけどお肉はない、それでもボリュームはほしい…、の苦肉の策でできた「白菜のしょうがあんかけ」(182ページ)。寒さを味方につけたからこそ生まれた冬の始まりのメニューです。

196

いかとパクチーの焼きつくね

197

鮭のゆずみそ焼き

198
塩鯖の竜田揚げと春菊のサラダ

199
九条ねぎとかきの酒蒸し

196
いかとパクチーの焼きつくね

ちょっと粗いくらいが食べ応えがあっておいしいです。軽く粘りが出たらＯＫの合図。フードプロセッサーがなければ、すべてを粗く包丁でたたいてください。

〈材料〉2人分
・いか(下処理済みのもの) 1ぱい(正味140g)
・パクチー(根つき) 1株(80g)
・レモン 1／4個
・にんにく 1／2片
・塩 ひとつまみ
・オリーブ油 大さじ1

1 フードプロセッサーに、いか・パクチー・にんにく・塩を入れ、粗く撹拌し、8等分にして丸める。
2 フライパンにオリーブ油を熱し、**1**を両面こんがり焼く。
3 皿に盛り、パクチー(分量外)とレモンを添える。

197
鮭のゆずみそ焼き

ゆずがほのかに香って秋らしい一品です。冷めてもしっとりとおいしいのでお弁当にひとつ入っていると嬉しいものです。

〈材料〉4人分
・紅鮭 4切れ(400g)
・九条ねぎ(小口切り) 1／2本
・ゆずの皮(みじん切り) 小さじ1
・米みそ 大さじ2弱(30g)
・みりん 小さじ2

1 紅鮭は一口大に切る。
2 ボウルに米みそ・九条ねぎ・ゆずの皮を入れ、みりんを加えてよく混ぜる。**1**に塗って魚焼きグリルまたはオーブントースターでみそに焦げ目がつくまで10分ほどかけて焼く。

198
塩鯖の竜田揚げと春菊のサラダ

塩鯖の塩気のみでいただく手軽な竜田揚げです。春菊のサラダを添えてさっぱりと。

〈材料〉2人分
・塩鯖 片身1枚(150g)
・春菊(長さ3cmに切る) 1／2束(100g)
・しょうが(すりおろす) 小さじ1(6g)
A
・ごま油 小さじ1
・濃口しょうゆ、レモン(絞り汁) 各小さじ1／2
・いりごま 適量
・酒 小さじ2
・片栗粉 適量
・揚げ油 適量

1 塩鯖は骨を取り、一口大に切り、ボウルに入れる。
2 しょうがと酒を入れてあえ、片栗粉をまぶし、180℃の油でカラリと揚げ、器に盛る。
3 春菊をボウルに入れ、**A**を加えてざっくりと混ぜ、鯖に添える。

199
九条ねぎとかきの酒蒸し

塩は一切使わず、昆布とかきの味わいだけでいただく酒蒸しです。もちろん、お好みでポン酢につけたり、ゆずの果汁を絞っても。

〈材料〉2人分
・かき 6個
・九条ねぎ(斜め薄切り) 2本
・酒 100mℓ
・昆布 10×15cm(15g)

1 ふたつきの鍋に酒と昆布を入れ、戻るまでおく。
2 かきはたっぷりの水の中で振り洗いし、水気を切る。
3 かきを**1**の昆布の上に並べ、空いているところに九条ねぎを入れ、ふたをして火にかける。沸騰したら火を弱めて3～5分ほど蒸し、汁ごと器に盛る。

200

れんこん焼売《シュウマイ》

201

白菜のしょうがあんかけ

202
牛すじ大根

203
海老いもとひろうすの煮物

204
さつまいものミルクカレー煮

200 れんこん焼売《シュウマイ》

れんこんのすりおろしを加えることでつなぎを入れる必要がありません。皮の包み方はご自由に！

〈材料〉作りやすい分量（約30個分）
・豚ロースこま切れ肉 200g
・れんこん 100g
・玉ねぎ 1／4個（50g）
・しいたけ 1個
・焼売の皮 30枚
・しょうが（みじん切り）小さじ1（4g）
・塩 ひとつまみ
A
・酒 大さじ1
・黒こしょう 適量
・練りがらし、濃口しょうゆ 各適量

1 れんこんは半分は粗みじん切りにし、残り半分はすりおろす。玉ねぎはみじん切り、しいたけは石づきを外して粗くみじん切りにする。
2 豚肉は包丁で細かくたたき、粗いミンチ状にしてボウルに入れ、塩を加えて粘りが出るまで練り、1・しょうが・Aを加えてよく混ぜる。
3 焼売の皮の中央に2をティースプーンなどですくっておき、四方の皮を寄せてまとめ、蒸気が立った蒸し器で6分蒸す。
4 皿に盛り、好みでからしとしょうゆを添える。

201 白菜のしょうがあんかけ

しょうがはとにかくたっぷりと！ あれば吉野葛を使うと、さらに体が温まりますよ。

〈材料〉作りやすい分量
・白菜 400g
A
・だし 400mℓ
・薄口しょうゆ、みりん 各大さじ1／2
・しょうが（すりおろす）大さじ1（18g）
・片栗粉（同量の水で溶く）適量

1 白菜は食べやすい大きさに切る。鍋にAとともに入れて火にかけ、しんなりするまで煮る。
2 片栗粉で好みのかたさになるまでとろみをつけ、しょうがを加えてざっくりと混ぜ、火を止める。
3 器に盛り、おろししょうが（分量外）を添える。

202 牛すじ大根

大根は下ゆでせず、そのまま煮ます。すだちの酸味でさっぱりいただけますが、粉山椒を振ったり、ゆずこしょうを添えても。

〈材料〉2人分
・牛すじ肉（一口大に切る）300g
・大根（1cm幅のいちょう切り）150g
・九条ねぎ（斜めに千切り）適量
・すだち（横半分に切る）1個
A
・だし 400mℓ
・みりん 大さじ1強
・薄口しょうゆ 大さじ1
・濃口しょうゆ 大さじ1／2

1 牛すじは熱湯でサッとゆでこぼし、再び鍋に入れ、かぶる程度の水を張り、やわらかくなるまで煮て湯を捨てる。圧力鍋の場合は15分ほど加圧すると良い。
2 鍋に1・大根・Aを入れて火にかけ、沸騰したら火を弱めて大根に火が通るまで20分ほど煮る。
3 器に盛り、九条ねぎを添え、すだちを絞る。

203

海老いもとひろうすの煮物

海老いもの代わりに里いもでも作れます。具だくさんの大きめのひろうすを使いましたが、なければ厚揚げでもいいですね。

〈材料〉2人分
・海老いも 2個
・ひろうす 2個
・しょうが(千切り) 1／2かけ
A
・だし 500㎖
・濃口しょうゆ、みりん 各大さじ2
・溶きがらし 適量

1 海老いもは天地を切り落とし、厚く皮をむいて3～4等分し、たっぷりの水を張った鍋に入れてやわらかくなるまでゆでる。
2 鍋に1・ひろうす・しょうが・Aを注いで火にかけ、沸騰したら火を弱めて20分ほど煮る。
3 器に盛り、煮汁を軽くかけ、からしを添える。

204

さつまいものミルクカレー煮

とても甘い五郎島金時を使いました。甘みが足りなければはちみつや砂糖を足すといいでしょう。ホロッと崩れるくらいに煮た方がおいしいです。

〈材料〉作りやすい分量
・さつまいも 1本(300g)
A
・牛乳 300㎖
・カレー粉、クミンシード 各小さじ1
・塩 ひとつまみ

1 さつまいもは皮つきのまま2㎝幅の輪切りにする。大きければさらに半分に切って、1時間ほど水にさらし、水気を切る。
2 鍋に1とAを入れて火にかけ、沸騰したら火を弱め、火が通るまで20分ほど煮る。
3 器に盛り、煮汁を張る。

205
夫婦《めおと》炊き

207
柿・栗・春菊のゆず酢あえ

206
おからフライ

208
おあえ

209
大根葉のふりかけ

210
りんごと春菊の白あえ

211
春菊といかの白ワイン煮込み

205 夫婦《めおと》炊き

煮過ぎると中にすが入ってしまうので、優しい火加減で煮てください。油揚げは油抜きしなくても大丈夫。お好みでからしを添えてもいいですね。

〈材料〉作りやすい分量
・焼き豆腐(一口大に切る) 350g
・油揚げ 80g
・しょうが(千切り) 1/2かけ
A
・だし 200㎖
・砂糖、みりん 各大さじ1
・濃口しょうゆ、薄口しょうゆ 各大さじ1/2

1 油揚げは縦半分に切り、端から2cm幅に切る。
2 鍋に豆腐・**1**・しょうがを入れ、**A**を注ぎ入れて火にかける。沸騰したら火を弱めて7分ほど煮て火を止め、冷めるまで置く。
3 食べる際に温め直し、器に盛り、煮汁を張る。

206 おからフライ

卵、小麦粉を使わない揚げ物です。試しに少量揚げてみて、崩れるようなら片栗粉を加えても。おろしポン酢を添えてもみずみずしくて食べやすいです。

〈材料〉作りやすい分量(約10個分)
・れんこん(すりおろす)150g
・れんこん(粗みじん切り) 50g
・さつまいも(皮つきのまま3㎜のみじん切り)70g
・ごぼう(ささがき) 25g
・にんじん(粗みじん切り) 20g
・九条ねぎ(斜め薄切り) 適量
・おから 150g
・赤こんにゃく(下ゆでして長さ2cmの千切り) 50g
・濃口しょうゆ 大さじ1
・サラダ油、とんかつソース 各適量

1 れんこんの粗みじん切り・さつまいも・ごぼう・にんじん・赤こんにゃくをサラダ油を引いたフライパンでしんなりするまで炒め、冷ます。
2 ボウルにおから・れんこんのすりおろし・濃口しょうゆを入れてよく混ぜ、**1**と九条ねぎを加えてさらに混ぜ、10等分に丸める。
3 180度の油で3~4回に分けてきつね色になるまで揚げる。
4 皿に盛り、とんかつソースをかける。

207 柿・栗・春菊のゆず酢あえ

質感がかたければ**1**の汁気を足してください。甘み、酸味、苦みのバランスをが絶妙ですよ。

〈材料〉4人分
・大根 200g
・春菊 1束(200g)
・にんじん(千切り) 30g
・柿(千切り) 1個
・ゆで栗(粗く刻む) 2個
・干ししいたけ(150㎖のぬるま湯で戻して千切り) 5個
A・薄口しょうゆ、みりん 各大さじ1/2
B
・ねりごま 50g
・ゆず(絞り汁) 大さじ1/2
・塩 小さじ1/2

1 鍋ににんじん・干ししいたけと戻し汁・**A**を入れて火にかける。沸騰したら火を中火に近い弱火にし、にんじんがやわらかくなり煮汁が軽く残る程度まで8分ほどかけて煮詰め火を止める。
2 春菊をサッとゆで、冷水に取って冷めたら絞り、長さ2cmに切る。大根は千切りにし、塩もみをして水気を絞る。
3 ボウルに**B**を入れてよく混ぜてなじませる。**1**のにんじんを汁気を軽く切って入れて混ぜ、**2**と柿を加えて優しくあえ、器に盛り、栗を飾る。

208 おあえ

曾祖母が作ってくれた懐かしの味。砂糖が入らないので、おかずとしてだけでなく、体に優しいおやつとしてもいかがでしょうか。

〈材料〉作りやすい分量
・さつまいも 260g
・白板こんにゃく 100g
・シナモンパウダー 小さじ1
・白みそ 大さじ2
・いりごま 大さじ1

1 さつまいもは皮つきのまま一口大に切り、1時間ほど水にさらす。白板こんにゃくは熱湯でゆでてアクを抜き、1・5×2cmの角切りにする。
2 鍋にさつまいもを入れ、かぶる程度の水を張り、やわらかく煮る。ゆで汁は取っておく。
3 すり鉢にいりごまを入れてすり、半分ほどすれたら白みそを加えてよく混ぜ、さつまいものゆで汁を大さじ2杯ほど入れてなめらかにし、2・白板こんにゃく・シナモンを加えて優しくあえる。

209 大根葉のふりかけ

フライパンで作ると水っぽくならずパラッと仕上がります。じゃこのほかかつお節のだしがらでも。

〈材料〉作りやすい分量
・大根の葉(細かく刻む) 200g
・ちりめんじゃこ 10g
A ・濃口しょうゆ、酒 各小さじ1
・いりごま 小さじ1
・ごま油 小さじ1

1 フライパンにごま油を入れて火にかけ、大根の葉を炒める。しんなりしてきたらちりめんじゃこを加え、Aを入れ手早く混ぜる。仕上げにいりごまを加え、ざっくりと混ぜ、火を止める。

210 りんごと春菊の白あえ

春菊のほか小松菜やほうれん草など、お好みの青菜でどうぞ。豆腐は水切りせずにお使いください。

〈材料〉作りやすい分量
・春菊 1束(200g)
・りんご 1／4個
・くるみ 適量
A
・木綿豆腐 100g
・砂糖、練りごま 各大さじ1
・塩 小さじ1／3

1 りんごは皮つきのままマッチ棒ぐらいの棒状に切る。春菊は熱湯でサッとゆで、水にさらしてギュッと絞り、1cm幅に切る。
2 フードプロセッサーにAを入れてなめらかになるまで撹拌し、ボウルに移す。
3 1を加えて優しくあえ、器に盛り、手で割ったくるみを添える。

211 春菊といかの白ワイン煮込み

ワインに引火しないよう火加減に注意して。ル・クルーゼやストウブ鍋などを使うとすぐに水分が飛ばず、うまく煮えますよ。

〈材料〉作りやすい分量
・いか(下処理済みのもの、1cm×3cmに切る) 1ぱい(正味140g)
・春菊(長さ3cmに切る) 1束(200g)
・にんにく(薄切り) 1片
・ケイパー 10粒
A
・白ワイン 200mℓ
・塩 小さじ1／2
・赤とうがらし(小口切り) 1／3本
・オリーブ油 大さじ1

1 鍋にオリーブ油を入れて火にかけ、にんにく・ケイパー・赤とうがらしを入れて炒める。
2 香りが立ったらいかとAを入れて軽く煮立たせ、春菊を加えてざっくりと混ぜる。しんなりしたら火を弱めてふたをして40分ほど煮る。途中よく混ぜる。

212 豚の角煮

213 金時にんじんと油揚げの炊き込みご飯

214 栗炊きおこわ

212

豚の角煮

3のゆで汁は、一度冷蔵庫に入れ、きっちり冷やして固まった脂を除けば、上品なスープとしてお召し上がりいただけます。

〈材料〉作りやすい分量
・豚ばら肉ブロック 500g
・白ねぎ(千切り) 1／3本(落とした根元も使う)
・しょうが(皮つきのまま薄切り) 1／2かけ
A
・だし 400mℓ
・濃口しょうゆ、砂糖 各大さじ2
・みりん 大さじ1
・溶きがらし 適量
・酒 50mℓ

1 豚肉は熱湯でゆで、表面が白くなったら引き上げ、鍋の湯を捨てる。
2 豚肉を鍋に戻し、しょうがとねぎの根元など香味野菜のくずを入れて酒を注ぎ、かぶる程度の水を入れて火にかける。
3 沸騰したら火を弱め、やわらかくなるまで1時間ほどかけて煮る。やわらかくなったら火を止め、3cm幅に切る。
4 別の鍋に3とAを入れて紙ぶたをして火にかけ、沸騰したら紙ぶたがふわふわと膨らむ程度の火加減で煮汁が半分ほどになるまで煮る。
5 火を止め、器に盛り、煮汁を軽く張り、からしをのせて白ねぎを添える。

213

金時にんじんと油揚げの炊き込みご飯

金時にんじんの汁気も余すことなく使いたいので、だしを入れる前に調味料とともに炊飯器に加えて。にんじん嫌いの人も食べられると好評です。

〈材料〉作りやすい分量
・金時にんじん 50g
・油揚げ 50g
・白米(洗ってざるに上げ、30分置く) 2合
・しょうが 1かけ
A
・薄口しょうゆ、酒 各小さじ1
・塩 小さじ1／2
・だし 適量
・いりごま 適量

1 金時にんじんはすりおろす。油揚げとしょうがは細かく刻む。
2 炊飯器に白米とAを入れ、だしを目盛りのところまで注ぎ、1を加えて炊く。
3 茶碗によそい、いりごまを振る。

214

栗炊きおこわ

炊飯器で作るおこわです。吸水させずすぐに通常モードで炊いてください。白ご飯の水加減で大丈夫ですが、少しずつ調整してベストを見つけて。

〈材料〉作りやすい分量
・栗 8個
・もち米(洗ってざるに上げる) 2合
・塩 小さじ1／2
・みりん 大さじ1
・いりごま、塩 適量

1 栗は水に浸けてアクを抜き、鬼皮と渋皮をむく。
2 炊飯器にもち米とみりんを入れ、水適量を白ご飯を炊く時の目盛りのところまで注ぎ、1と塩を加えてよく混ぜ、炊く。
3 茶碗によそい、いりごまと塩を振る。

215
蒸し寿司

216
ゆずめんたいこスパゲッティ

217
白い冬野菜の白いみそ汁

215
蒸し寿司

幼い頃、ひな祭りに作ったばら寿司を、母がこんな風に小さなお湯呑みに詰めて蒸してくれました。残ったら保存容器に入れて冷凍することもできます。

〈材料〉作りやすい分量
・金時にんじん 30g
・菜の花 適量
・干ししいたけ（400mℓのぬるま湯で戻す）2個
・かんぴょう（水に浸けて戻す）15g
・高野豆腐（水に浸けて戻す）1個（17g）
・花麩（生麩）適量
・卵 4個
・ご飯（炊きたてのもの）茶碗2杯分（300g）
A
・砂糖 大さじ2
・濃口しょうゆ 大さじ1
B
・米酢 大さじ4
・砂糖 大さじ2
・塩 小さじ1
・塩 ひとつまみ
・片栗粉 小さじ1（同量の水で溶く）
・サラダ油 適量

1 干ししいたけは軽く水気を切って軸を切り落とし、3mm角のみじん切りにする。ボウルに戻したかんぴょうと塩小さじ1（分量外）を入れてよくもみ、水洗いをしてぎゅっと絞り、長さ1cmに切る。高野豆腐はぎゅっと絞り、みじん切りにする。金時にんじんはみじん切りにする。
2 鍋に1を入れ、干ししいたけの戻し汁を300mℓほど注ぎ、Aを加えて火にかけ、煮汁がある程度なくなるまで煮て冷ます。
3 寿司桶に炊きたてのご飯を入れ、よく混ぜたBを注いで手早く混ぜ、荒熱が取れたら軽く汁気を切った2を加えて混ぜ、茶碗によそう。
4 ボウルに片栗粉と塩を入れ、卵を割り入れて溶きほぐし、卵焼き器で薄焼き卵を作る。冷めたら千切りにして錦糸卵とする。
5 3に4をふんわりのせ、蒸気が立った蒸し器で温まるまで強火で8分ほど蒸す。
6 菜の花と花麩をのせ、30秒ほど蒸して火を止める。

216
ゆずめんたいこスパゲッティ

焼きのりは笑っちゃうくらいたっぷりと。麺が見えないくらいかけるとさらに風味豊かに！

〈材料〉2人分
・めんたいこ 100g
・ゆず（絞り汁）小さじ1
・スパゲッティ 160g
・食塩不使用バター 40g（常温に戻す）
・焼きのり 1枚

1 2ℓの熱湯に塩大さじ1強（分量外）を入れ、スパゲッティを表示通りゆでる。
2 ボウルに手でほぐしためんたいこ・ゆずの絞り汁・バターを入れる。
3 水気を切った1を熱いうちに2に入れて手早く混ぜ、器に盛る。
4 焼きのりはコンロの火などで軽く炙り、手で細かくもんで3の上にたっぷりとかける。

217
白い冬野菜の白いみそ汁

カリフラワーや下ゆでした里いもでも。それぞれホロッと崩れるくらい火を通して白みそになじんだくらいの方がおいしいです。

〈材料〉4人分
・れんこん（5mm幅の輪切り）100g
・長いも（1.5cm幅の輪切り）100g
・かぶ（一口大に切る）2個（160g）
・ゆり根（1枚ずつ外す）1個
A
・だし 500mℓ
・白みそ 80g
・溶きがらし 適量

1 鍋にれんこん・長いも・かぶを入れ、Aを注いで火にかける。沸騰したらアクを引き、表面がフツフツと煮立つ程度の火加減で8分ほど煮る。
2 ゆり根を加え、5分ほど煮る。
3 汁椀によそい、からしを添える。

十二月

師走

しわす

白菜、豆腐、ゆりね、大根…、気づけば白い食材がいろいろと恋しくなりますねぇ。青果店の店先に堂々丸ごとの白菜が並ぶと、今年もその時季が来たかとよいしょよいしょと抱えて帰って作るのが「鶏と白い野菜の蒸し焼き」(196ページ)。その労力も厭わなくなるほど、確実においしく作れるおかずです。白菜などの野菜をざくざくと切ってフライパンでザッと炒め、その上に鶏肉をのせて野菜の水気だけで蒸し焼きにする、…って読んでるだけでおいしそうでしょ。「あれ？ 白菜ってこんなに甘かったの？」って見る目が変わりますよ。「白菜のパジョン」(199ページ)は、韓国ご出身の生徒のイさんから教えていただいたもの。ペロンと一枚お皿に寝そべっている見た目がなんだか面白いでしょ？ しかしこれが侮れない。小麦粉と水だけの薄衣をまとわせてごま油でカリッと焼くだけ。単に焼くだけとは違い、衣のおいしさも相まって香ばしくてクセになるんです。「ゆず蒸し豆腐」(200ページ)もスライスしたゆずとお薬味をのせて蒸すだけ。蒸し器の蓋を開けたらゆずの香りがふわりと漂い、もうそれだけで冬のもてなしに。豆腐がトロッとしたところをレンゲですくってあつあつを頬張る。あぁ、寒い冬こそお料理が楽しくて仕方がありません。

せりたっぷり牛こまの酒粕から揚げ

219
白みそ松風

220
鶏と白い野菜の蒸し焼き

218

せりたっぷり牛こまの酒粕から揚げ

やわらかい踏み込み粕ならしょうゆとなじみやすいです。酒粕の塊が多少残っているほうが風味が強調され良いおつまみに。

〈材料〉2人分
- 牛こま切れ肉 200g
- せり（みじん切り） 適量
- A
  - 踏み込み粕 大さじ1
  - 濃口しょうゆ 大さじ1／2
- 片栗粉 適量
- 揚げ油 適量

1 ボウルにAを入れ、軽くなじむまで混ぜる。

2 牛肉を1に入れて絡め、一口大に丸めて片栗粉をまぶし、180℃の油でカラリとするまで揚げる。

3 皿に盛り、せりをたっぷりとかける。

219

白みそ松風

本来はけしの実で作りますが、いりごまでお手軽に。卵も粉も塩も使わず野菜たっぷりでヘルシーです。来年のおせちにいかがでしょうか。

〈材料〉作りやすい分量
- 鶏むねひき肉 400g
- れんこん 150g
- ごぼう 50g
- にんじん 20g
- しいたけ 2個
- A ・白みそ、みりん 各大さじ1
- 白みそ 大さじ3
- いりごま 適量
- ごま油 大さじ1

1 れんこん50g・にんじん・石づきを外したしいたけはみじん切りに、ごぼうはささがきにする。

2 フライパンにごま油を熱し、1を入れてしんなりするまで炒めたら火を止めて冷ます。

3 残りのれんこんはすりおろし（水気は絞らない）、ボウルに2・鶏肉・白みそとともに入れてよく混ぜる。オーブンシートを敷いた耐熱の型に真平らになるよう敷き詰め、200℃のオーブンで中まで火が通るまで、約25分ほど焼く。

4 火が通ったら、混ぜ合わせたAを表面に薄く塗り、いりごまをたっぷりと振って再び200℃のオーブンに入れ、焼き目がつくまで焼く。

5 オーブンから取り出して冷まし、型から外して好みの大きさの四角形に切る。

220

鶏と白い野菜の蒸し焼き

弱火で加熱して野菜の水気を引き出し、その汁の熱と蒸気で鶏肉に火を通します。必ずフライパンを使い、ふたはせずに加熱してくださいね。

〈材料〉作りやすい分量
- 鶏もも肉（大きめのもの） 1枚（450g）
- 白菜 1／4玉（250g）
- 白ねぎ 2本
- エリンギ 1本
- にんにく 1片
- 塩 適量
- 黒こしょう 適量
- オリーブ油 大さじ2

1 鶏肉に塩小さじ2／3を振り、10分ほど置く。白菜は2cm角ほどの大きさに切る。白ねぎは幅1.5cm幅の輪切りにする。にんにくは薄切りにする。

2 フライパンにオリーブ油を熱し、鶏肉の皮を下にしておき、皮がカリカリになるまで焼く。ひっくり返して30秒ほど焼き、バットに移す。

3 空いたフライパン（油はそのままで）に白菜・白ねぎ・エリンギ・にんにくを入れてザッと炒め、油が絡んだら平らにならし、2の皮を上にして置き、中火に近い弱火で20分ほどじっくり時間をかけ焼く。

4 火が通ったら塩で味をととのえて野菜を皿に盛り、鶏肉を一口大に切って上に並べ、焼き汁をかけ、黒こしょうを振る。

221
壬生菜・九条ねぎ・牛肉の小鍋

222
すぐき小鍋

223
白菜のパジョン

224
ゆり根の茶碗蒸ししょうがあんかけ

225
聖護院大根と油揚げのじか炊き

226
ゆず蒸し豆腐

221

壬生菜・九条ねぎ・牛肉の小鍋

あつあつの小鍋が食べたくなったらぜひどうぞ。大根おろしの汁気を捨てずに入れるので、仕上げに再度味をととのえてくださいね。

〈材料〉作りやすい分量
・牛こま切れ肉 50g
・壬生菜（長さ3cmに切る、なければ水菜でも可）1／2束（100g）
・大根（すりおろす）80g
・九条ねぎ（斜め薄切り）1／2本
A
・だし 300mℓ
・薄口しょうゆ、みりん 各小さじ1
・黒こしょう 適量

1 小鍋にAを入れて火にかけ、温まったら壬生菜・九条ねぎ・牛肉を入れてふたをする。蒸気が立ってきたらアクを引く。
2 大根おろしを汁ごと入れてざっくりと混ぜ、黒こしょうを振る。

222

すぐき小鍋

すぐきの味に応じて味つけの強弱をつけてください。酸味がとても心地いい鍋です。豚の代わりに鶏もも肉や白身魚でもいいですね。

〈材料〉2人分
・豚ロース肉（しゃぶしゃぶ用）100g
・白菜 2枚（160g）
・九条ねぎ 1／2本
・えのきだけ 1／2袋（50g）
・すぐき（粗く刻む）60g
・春雨 適量
A
・だし 400mℓ
・薄口しょうゆ、酒 各小さじ1

1 白菜は一口大に、九条ねぎは斜めに薄切りに、えのきだけは石づきを切って手で割く。春雨は表示通り熱湯で戻してざるに上げる。
2 小鍋にすぐきの半量とAを注いで火にかけ、温まったら豚肉・残りのすぐき・1を入れ、火を通す。

223

白菜のパジョン

この時期、韓国でよく作られるお料理をポン酢でさっぱりと。薄衣をつけてカリッと焼くだけですが、何もつけずに焼くのとは風味が違い最高のおつまみです。

〈材料〉作りやすい分量
・白菜 3枚（240g）
A
・小麦粉 大さじ3（25g）
・塩 小さじ1／4
・ポン酢 適量
・太白ごま油 大さじ3

1 白菜の根元の丸まっているところに数カ所切り込みを入れて平らにし、竹串やフォークなどで穴を開ける。
2 ボウルにAと水50mℓを入れてよく混ぜ、1に絡める。
3 フライパンにごま油を熱し、2を広げておき、両面をこんがりと焼き、器に盛る。
4 はさみで切り分け、ポン酢をかける。

224

ゆり根の茶碗蒸し しょうがあんかけ

ゆり根の素朴でホクホクした甘みをシンプルに。器の大きさや卵液の温度で蒸し時間は変わります。すが入らないよう様子を見ながら蒸してください。

〈材料〉作りやすい分量(茶碗3杯分)
・ゆり根 1株
・卵 2個
・しょうが(すりおろす) 適量
A
・だし 300㎖
・薄口しょうゆ 小さじ1
B
・だし 200㎖
・薄口しょうゆ 小さじ1／2
・片栗粉(同量の水で溶く) 適量

1 ゆり根は1枚ずつ外して洗い、黒いところは包丁でめくり、ざるに入れて蒸し器で3分ほど蒸して冷ます。

2 ボウルにAを入れる。別のボウルに卵を割り入れてよく混ぜ、ざるなどでこしてAと合わせてよく混ぜる。

3 器に1を入れ、2を注いでラップをかけ、蒸気が立った蒸し器で強火で3分蒸し、火を弱めて火が通るまで10分ほどかけて蒸す。

4 小鍋にBを入れて火にかけ、沸騰したら片栗粉でとろみをつけ、3にかけ、しょうがをたっぷり添える。

225

聖護院大根と油揚げのじか炊き

甘くみずみずしい聖護院大根はじか炊きでＯＫ！ 火が通るまで、じっくりと時間をかけて煮てください。こんにゃくや揚げかまぼこなどを加えても。

〈材料〉作りやすい分量
・聖護院大根 1個(正味600ｇ)
・ゆずの皮(千切り) 適量
・油揚げ 50ｇ
・しょうが(千切り) 1かけ
A
・だし 800㎖
・みりん 大さじ1
・濃口しょうゆ、薄口しょうゆ 各大さじ1／2

1 聖護院大根はくし切りにし、厚く皮をむく。大きければさらに半分に切る。油揚げは縦半分に切り、端から3㎝幅に切る。

2 鍋に1・A・しょうがを入れて火にかけ、沸騰したら火を弱めてやわらかくなるまで30分ほど煮て火を止め、冷ます。

3 食べる直前に再び火にかけて温め、器に盛り、ゆずの皮を添える。

226

ゆず蒸し豆腐

少々手間ですが、蒸すことでゆずがジャムのようにとろりとやわらかくなり、そのままお召し上がりいただけます。ゆずの香りもごちそうです。

〈材料〉4人分
・豆腐(湯豆腐用) 350ｇ
・九条ねぎ 1本
・ゆず 1個
・しょうが(すりおろす) 1かけ
・濃口しょうゆ 適量

1 九条ねぎは小口切り、ゆずは4枚ほど薄切りにし、種を外す。残りから果汁を絞る。

2 豆腐は4等分に切って器に入れ、上にゆずを置き、蒸気が立った蒸し器で5分ほど蒸す。

3 器にたまった水を捨て、九条ねぎとしょうがを添え、濃口しょうゆとゆずの絞り汁をかける。

227 筑前煮

228 カリフラワーのアンチョビーバターソテー

229 中華おじゃこ

227

筑前煮

冷めてもおいしい、この時期ならではのおかず。たっぷり作って冷蔵庫に常備しておけば、その安心感が日々を豊かにしてくれることでしょう。

〈材料〉作りやすい分量
・鶏もも肉（角切り）250g
・れんこん 200g
・ごぼう 1／2本（100g）
・にんじん 1／2本（100g）
・絹さや（ゆでる）6枚
・干ししいたけ 3個
・こんにゃく 1／2枚（100g）
A ・酒、みりん、砂糖 各大さじ2
B ・薄口しょうゆ 大さじ2
　・濃口しょうゆ 小さじ1
・ごま油 小さじ2

1 干ししいたけはかぶる程度のぬるま湯に浸けて戻し、ギュッと絞って軸を切り落とし、食べやすい大きさに切る。こんにゃくはスプーンで一口大にちぎって鍋に入れ、たっぷりの水を張って火にかける。沸騰したら火を弱めて1分ほど煮てざるに上げる。

2 ごぼうは1cm幅の斜め切りにする。にんじんとれんこんは乱切りにし、たっぷりの水に10分ほどさらし、水気を切る。

3 鍋にごま油を熱し、鶏肉を炒める。表面が白くなったら**1**と**2**を加えて炒め、油が回ったら、水500mℓ・干ししいたけの戻し汁・**A**を入れ、5分ほど煮たら、火が通った鶏肉を取り出す。

4 **B**を加えて20分ほど煮る。野菜に火が通ったら鶏肉を戻し入れ、濃口しょうゆを加えて水分がある程度飛ぶまで煮詰め、火を止める。

5 器に盛り、絹さやを散らす。

228

カリフラワーのアンチョビーバターソテー

塩分が気になる場合は食塩不使用バターを使って調整を。カリフラワーだけでなくアスパラガスや小かぶにも合うソテーです。

〈材料〉2人分
・カリフラワー（1種類でもOK）200g
・アンチョビーフィレ（粗く刻む）2枚
・ケイパー（粗く刻む）10粒ほど
・バター 大さじ2（24g）
・黒こしょう 適量
・赤とうがらし 1／2本

1 カリフラワーは房から外し、酢（分量外）を入れた熱湯で1分ほどゆで、ざるに上げる。

2 フライパンにアンチョビー・ケイパー・バター・赤とうがらしを入れて火にかける。木べらなどで混ぜながら香りが立ってきたら**1**を入れ、軽く焦げ目がつくまで炒め、皿に盛り、黒こしょうを振る。

229

中華おじゃこ

濃口しょうゆは火を止めてから加えます。ちりめんじゃこをカリカリにしたければ、さらにきつね色になるまで炒めて。お豆腐にかけてもおいしいですよ。

〈材料〉作りやすい分量
・ちりめんじゃこ 40g
・九条ねぎ（小口切り）1本
・ご飯 適量
・豆板醤 小さじ1／2
・濃口しょうゆ 小さじ1／2
・ごま油 小さじ1

1 フライパンにごま油と豆板醤を入れて火にかけ、香りが立ってきたらじゃこを加え1分ほど炒めて火を止める。

2 濃口しょうゆと九条ねぎを入れ、ジューッという音がしなくなるまで余熱で炒める。

3 ご飯を茶碗によそい、**2**をかける。

230

具だくさんミネストローネ

231

かきとほうれん草のスパゲッティ

230

具だくさんミネストローネ

冷蔵庫のおそうじにいかがですか。目安として具材に対して倍量の水を注いで。煮物感覚でいただけるとっても濃厚なスープです。冷凍もできます。

〈材料〉作りやすい分量

・白菜 4〜5枚(320〜400g)
・玉ねぎ 1個(200g)
・じゃがいも 1個(130g)
・にんじん 1/2本(100g)
・れんこん 100g
・ブロッコリー、カリフラワー 各1/2個(各100g)
・ひよこ豆(水煮) 200g
・塩 小さじ1
・黒こしょう 適量
・オリーブ油 70mℓ

1 根菜はさいの目に切る。ブロッコリーとカリフラワーは軸から外し粗く刻む。白菜は2cm角に切る。

2 鍋にオリーブ油を熱し、**1**を入れて根菜はしんなり、白菜はクタクタになるまで炒める。ひよこ豆を加えて水2ℓを注ぎ、塩を入れ、沸騰したら中火に近い弱火にして約1時間煮る。途中、アクや浮いた油を引く。

3 煮物のようにぽってりと煮詰まったら火を止めて冷ます。食べる直前に再び火にかけ、温まったら器に盛り、オリーブ油(分量外)を回しかけ、黒こしょうを振る。

231

かきとほうれん草のスパゲッティ

ソースに火が通り過ぎるとボソボソに、煮詰め足りないとパスタに絡みません。余熱で火が通ることを計算に入れて、好みの濃さになる少し手前で火を止めてください。

〈材料〉2人分

・かき 6個
・ほうれん草 1束(300g)
・スパゲッティ 160g
・にんにく(薄切り) 1片

A
・生クリーム 100mℓ
・卵黄 2個分
・粉チーズ 大さじ3
・塩小さじ 1/3
・黒こしょう 適量

・オリーブ油 大さじ2

1 かきは流水で洗い、水気を切る。ほうれん草は熱湯でサッとゆで、水にさらしてギュッと絞り、長さ1cmに切る。

2 ボウルに**A**を入れてよく混ぜる。

3 2ℓの熱湯に塩大さじ1強(分量外)を入れ、スパゲティを表示通りゆでる。

4 ゆでている間にソースを作る。フライパンにオリーブ油を熱し、にんにくを香りが立つまで炒める。かきを入れ、ふっくらするまで両面を焼き、**3**のゆで汁を大さじ2入れて軽く煮たら火を弱め、水気を切ったスパゲティ・ほうれん草・**2**を入れる。手早く混ぜてとろりとしたらすぐに皿に盛り、黒こしょう(分量外)を振る。

232
九条ねぎと牛肉のおこわチャーハン

233
アップルパイ

232

九条ねぎと牛肉のおこわチャーハン

おこわは少しかたいくらいのものでもやわらかいものでもそれぞれのおいしさがあります。だしの量は、もち米のやわらかさを見て加減してください。

〈材料〉2人分
・牛こま切れ肉 50g
・九条ねぎ(小口切り) 1/2本
・卵 1個
・もち米(洗って水に浸け、半日以上吸水させる) 1合
・だし 100mℓほど
・濃口しょうゆ 小さじ1
・黒こしょう 適量
・太白ごま油 大さじ1/2

1 もち米は水気をきっちり切り、蒸し器で30分ほど蒸す。

2 フライパンにごま油を熱し、牛肉を炒め、軽く火が通ったら卵を割り入れ、ざっくりと混ぜる。半分ほど火が通ったら**1**を入れ、だしを少しずつ入れてもち米をほぐすように炒める。

3 濃口しょうゆを入れて手早く炒め、九条ねぎを加え、黒こしょうを振ってざっくりと混ぜ、火を止める。

233

アップルパイ

市販のパイシートで簡単に作れます。紅玉を使いましたが、お家にあるものでどうぞ。あつあつに無糖ヨーグルトやバニラアイスをたっぷり添えても。

〈材料〉作りやすい分量
・りんご(お好みの品種) 1個
・パイシート(20×20cm) 1枚
・グラニュー糖 大さじ1
・シナモンパウダー 適量

1 りんごは皮つきのまま4等分のくし切りにし、芯を取り、縦に薄切りにする。

2 オーブン用シートの上にパイシートをおき、りんごを少しずつずらしながら2列に並べ、グラニュー糖、シナモンをまんべんなく振る。

3 190℃のオーブンに入れ、焼き色がつくまで30分ほど焼き、4等分に切り分けて皿に盛る。

本書は京都新聞で二〇一八年一月十一日から二〇一九年四月二十五日までの毎週木曜日に連載された『旬の献立を探しに』から抜粋し、大幅に加筆・修正を加えたものです。

写真／石川奈都子

小平泰子 こひらやすこ

料理家。1977年京都生まれ。旬の食材を使い手軽に作れる家庭的な和食を基本とし、少ない材料と手順で洗練されたひと皿に仕上げる。2003年より京都・三条烏丸にて料理教室を開設。2013年には東京・日本橋教室も開き、2都市を往復する日々。雑誌、新聞への寄稿、NHK『きょうの料理』出演など多方面で活躍。著書に『京都おかず歳時記』『季節の野菜と果物でかんたんおつまみ』(ともに京阪神エルマガジン社刊)。

小平泰子料理教室
京都・東京

簡素な台所に手作りの調理台、特別な調理道具などはなく必要最低限のものだけ…。小さな家庭の台所から、知恵と工夫を凝らして料理を作り出すおもしろさを実感できると評判の教室。2017年には、仕出しとちりめん山椒のお店「こちかや」を京都・二条にオープン。旬のおかずを作り、届けている。

www.gokan-shokuraku.com

レシピ・写真・文――小平泰子
デザイン――津村正二
編集――半井裕子

旬を楽しむ おとなの献立 12カ月

2020年5月28日 初版第1刷発行
2020年8月14日 初版第2刷発行

著者 小平泰子
発行者 荒金毅
発行所 株式会社 京阪神エルマガジン社
〒550-8575
大阪市西区江戸堀1-10-8
電話03-6457-9762(編集)
電話06-6446-7718(販売)
印刷所 株式会社シナノパブリッシングプレス

ISBN 978-4-87435-623-4

定価はカバーに表記してあります。
落丁・乱丁の場合は弊社負担にてお取り替えいたします。